POLITIKBERATUNG ALS BERUF

Herausgegeben von	Florian Busch-Janser Sandra Busch-Janser & Mario Voigt
in Auflage	No. 6 vom Januar 2011, gekürzt gegenüber Auflage 2, unverändert gegenüber Auflage 4 und 5
in der Reihe	BJP Edition
bei	polisphere library - Berlin/München/Brüssel

Die politische Beratung steht in Deutschland noch am Beginn ihrer Entwicklung. Um einen Professionalisierungsgrad zu erreichen, wie er für Washington und Brüssel selbstverständlich ist, müssen nicht nur die Strukturen formalisiert, sondern vor allem Information über die Branche und die politischen Prozesse zur Verfügung gestellt werden.

Mit der Herausgabe der BJP Edition will BJP dazu beitragen, die vorhandene Wissenslücke zu schließen, und gleichzeitig dem wissenschaftlichen Austausch ein Forum bieten. Durch das Angebot wird insbesondere bei Berufseinsteigern das Verständnis für die Branche Politik und Beratung gefördert und Transparenz geschaffen, während Young Professionals durch eine breit gefächerte Themenauswahl Denkanstöße für die tägliche berufliche Praxis erhalten.

Die BJP Edition wird bei polisphere library, dem einzigen deutschen Fachverlag für Politik & Beratung verlegt und in Deutschland exklusiv über Amazon und die Parlamentsbuchhandlung vertrieben.

BJP - The Interim Consultants Agency

"getting your things done" - unter dieser Maxime stehen die BJP Interim Consultants in Unternehmensberatungen, Kommunikationsagenturen und Kanzleien bei personellen Engpässen zur Verfügung. Wir verbinden Zeitarbeit mit Interim Management zu einem zukunftsweisenden Konzept: Unsere Mandanten bestimmen Qualifikation, Arbeitszeit und Einsatzdauer und wir stellen innerhalb weniger Tage den passenden Interim Consultant vor - für's Projektmanagement, als Urlaubs- oder Krankheitsvertretung, bei Auftragsspitzen und wann immer eine helfende Hand an den Standorten Berlin, München und Brüssel gebraucht wird. Spezialisiert auf die Anforderungen der Beratungsbranche ist unsere Dienstleistung schnell, einfach und flexibel. Unsere Stärke: Wir bieten nicht nur kurzfristig Arbeitskraft auf Zeit, sondern ganz flexible Antworten für Ihren individuellen Personalbedarf. www.bjp.eu

Die Deutsche Bibliothek – CIP-Einheitsaufnahme

Florian Busch-Janser, Sandra Busch-Janser, Mario Voigt: Politikberatung als Beruf (BJP Edition), 6. unveränderte Auflage. Erschienen in der Reihe BJP Edition, polisphere library Berlin/München/Brüssel 2011.

ISBN-13 978-3-9-3845630-9-0

Printed in Germany
Satz und Layout: polisphere, Berlin/München/Brüssel
Umschlag: Plett, Schulte und Partner, München
Herstellung: GGP media on demand, Pößneck

CONTENT

INTRO

GELEITWORT ZUR 4. AUFLAGE IN DER BJP EDITION

Politikberatung als Beruf

von Florian Busch-Janser als Herausgeber der BJP Edition

polisphere führt seit 2001 eine Veranstaltungsreihe zum Thema Politikberatung als Beruf durch (bis 2006 unter dem Namen poli-c). Zusammen mit wechselnden Partnern werden hier Studenten verschiedener Fachrichtungen vor Ort über den Berufsweg des Politikberaters informiert. Die Erfahrungen, die wir durch die Fragen der Studenten und die Anregungen der Referenten gesammelt haben, haben uns dazu angespornt, dass Thema weiterzuverfolgen. Zusammen mit unseren Autoren wollen wir nun in diesem Buch die gesammelten Informationen einem noch größeren Nutzerkreis zugänglich machen.

Das Buch soll Studenten, Absolventen und anderen Interessenten, die sich einen Einstieg in die Branche vorstellen können, als konkrete Entscheidungshilfe bei der Berufswahl dienen. Die Autoren, die ihre Erfahrungen mit dem Leser teilen, sind Experten, Praktiker und Young Professionals aus Agenturen, Unternehmen, Verbänden und Wissenschaft. Bewusst haben wir auf die „alten Hasen" verzichtet und die „Next Generation" im Alter um Mitte Dreißig für Beiträge angesprochen. Für uns waren Erfahrungen mit der aktuellen Arbeitsmarktsituation und Praxisnähe der Maßstab.

Die vorliegende 4. Auflage ist eine gekürzte Version des ursprünglichen Buches. Verzichtet wurde im wesentlichen auf die Beiträge, die seit der 1. Auflage von 2005 an Aktualität eingebüßt haben. Durch die Kürzung und durch die Publikation in der Reihe BJP Edition, die von Busch-Janser Personalmanagement gestiftet ist, kann das Buch nun zu einem deutlich reduzierten Preis angeboten werden. Aber auch die vollständige Version in der Auflage 3 ist nach wie vor im Handel erhältlich.

Für Rückfragen stehen wir gerne persönlich zur Verfügung – und das ist keine Floskel! Und zwar am besten per Mail an berlin@polisphere.de. Gerne nehmen wir Sie auch in unseren Bewerberpool auf und halten Sie über freie Vakanzen auf dem Laufenden.

Viel Erfolg beim Bewerben!

Politikberatung: Vielfalt mit Anforderungen

von Florian Busch-Janser, Sandra Busch-Janser & Mario Voigt

Politikberatung ist jeder Beruf, der grundsätzlich darauf angelegt ist, der Politik als Ganzes und den Politikern im Speziellen mit Rat und Tat zur Seite zu stehen. Primär trifft dies auf Angestellte in der Exekutive, in Parteien und im Parlament zu. Neben dieser internen Beratung zieht die Politik jedoch verstärkt auch externe Berater zu Rate: Kommunikationsagenturen, Unternehmensberatungen (beispielsweise bei der Sanierung eines Haushaltes) und Internetagenturen. Nicht nur in Wahlkampfzeiten gehören auch Meinungsforscher und Werbeagenturen zu den ständigen Dienstleistern. Die inhaltliche Zuarbeit erfolgt – oft auch ungefragt – über die Wissenschaft, politische Stiftungen und Think Tanks. Die Politik beraten wollen auch Verbände, NGOs und Unternehmen, die dabei zwar ihre eigenen Interessen in den Vordergrund stellen; durch die Artikulation legitimer Interessen sind sie für die Politik aber auch hilfreich. Diese Organisationen greifen dabei nicht selten auf externe Berater wie Lobbyisten und Kanzleien zurück.

Eine Branche mit Zukunft?

Die angespannten Haushaltslage der öffentlichen Hand hinterlässt ihre Spuren auch in der Einstellungspolitik von Parlament und Regierung: Zur Zeit ist es wohl eher schwierig, einen Job in der Ministerial- und Bundestagsverwaltung zu finden, aber auch bei den Parlamentariern und den Parteien stagnieren die Neueinstellungen. Der Sparzwang der Politik bedeutet aber nicht, dass sie ohne externe Beratung auskommt, denn die Komplexität der politischen Prozesse nimmt stetig zu.

An dieser Stelle rückt insbesondere die externe Kommunikation der politischen Inhalte im Mittelpunkt. Wie wichtig sie inzwischen für die Politik geworden ist, davon zeugen die wachsenden Wahlkampfbudgets und auch die aktuellen Wirtschaftsdaten der Branche sprechen eine deutliche Sprache: Nach einer Erhebung der Fachzeitschrift PRReport konnten die Top-10 Public Affairs-Agenturen ihren Honorar-Umsatz seit 2000 auf 17,99 Millionen Euro im Jahr 2003 mehr als verdoppeln.

Auch in anderen Bereichen sind die Entwicklungen beeindruckend. Ausdruck dieses wachsenden Marktes ist beispielsweise die Zahl der Lobbyisten: Bereits 4.000 Repräsentanzen sind in die Hauptstadt umgezogen, die Lobbyliste des Deutschen Bundestages führt 1.781 Verbandsvertreter und es gibt knapp 100 Agenturen und freie Berater die man zur Unterstützung buchen kann.

Verheißen diese Zahlen das Schlaraffenland für Absolventen – mit hervorragenden Arbeitsbedingungen und Top-Gehältern?

Ein angespannter Arbeitsmarkt ...

Nicht anders als in den meisten Bereichen, ist die Situation auch für angehende Politikberater äußerst angespannt. Bei vielen Agenturen, Repräsentanzen, Unternehmensberatungen und Kanzleien gehen täglich über 40 Bewerbungen ein, ohne dass eine Stelle ausgeschrieben war oder vakant ist.

Und selbst wenn der Bedarf da wäre, scheuen sich insbesondere Kommunikationsagenturen vor Einstellungen. In der Regel sind die Etats zeitlich begrenzt, die von den Agenturen betreut werden. Wird ein neuer Auftrag („Pitch") gewonnen, ist zwar auf einmal ein großer Arbeitskräftebedarf vorhanden, doch wer garantiert, dass der im nächsten Monat auslaufende Etat wieder gewonnen werden kann. Dieser Umstand macht eine geradlinige Personalplanung sehr schwierig.

Ein anderes Problem hat man, wenn der Karriereweg in eine Unternehmsrepräsentanz führen soll. Diese Stellen werden meist intern besetzt und der Weg in die Public Affairs-Abteilung gleicht meist einem Labyrinth. Häufiger Einstieg ist ein internes Trainee-Programm, welches einen nicht nur in die Kommunikationsabteilung, sondern auch in den Einkauf, das Controlling oder in eine andere Abteilung führt, die man oft lieber nicht kennen gelernt hätte. Ein anderer Karriereweg ist ein herausragendes Wissen um die Produktpalette.

... mit schlechten Arbeitsbedingungen ...

„Wochenarbeitszeiten zwischen 45 und 55 Stunden lassen für Fraktionsreferenten die Debatte um die Wiedereinführung der 40-Stunden-Woche wie eine rein virtuelle Diskussion erscheinen", schreibt Katja Pohlmann in ihrem Beitrag über den Arbeitsalltag als Mitarbeiter einer Fraktion.

Auch andere Berufsgruppen in der Politikberatung sind weit entfernt von den Arbeitszeiten der IG Metall. In Agenturen und Unternehmensberatungen ist vom heiligen Feierabend nicht viel zu merken und es wird auch gern mal am Wochenenden gearbeitet – natürlich ohne finanziellen Ausgleich.

... bei mäßiger Entlohnung

Der finanzielle Gegenwert für die erbrachte Leistung ist ein besonders heikles Kapitel in der Politikberatung. Hier muss man ganz deutlich zwischen den verschiedenen Arbeitgebern unterscheiden. Mit dem höchsten Einstiegssalär kann man bei einer Unternehmensberatung rechnen: 70.000 Euro werden zwar nur die Top 3 der Global Player zahlen, jedoch ist eine Gehaltserwartung zwischen 35.000 und 50.000 Euro durchaus realistisch. Auf Platz 2 kommen auch schon die Unternehmensrepräsentanzen, wo man mit einem Einstiegsgehalt zwischen 30.000 und 45.000 Euro rechnen kann. Sehr solide ist auch noch das Einstiegsgehalt im Wirkungsbereich des Öffentlichen Dienstes. Ein BAT II-Gehalt – für einen ledigen, 30jährigen Hochschulabsolventen durchschnittlich 30.000 Euro pro Jahr – reicht in Berlin allemal für den Lebensunterhalt.

Weit abgeschlagen liegen – zumindest in Hinblick auf das Einkommen – die Kommunikationsagenturen: Als Volontär bzw. Trainee erhält man eher so etwas wie eine Aufwandsentschädigung von durchschnittlich 1.200 Euro monatlich brutto für die Dauer von 12 bis 18 Monaten. Hier hat sich die Faustformel bewahrheitet, je kleiner die Agentur, desto geringer das Gehalt. Bei Inhaber-geführten Unternehmen, bei welchen das Geschäftsführer-Salär dem Gewinn entspricht (also Einnahmen minus Ausgaben), kann man für diese Kalkulation fast noch Verständnis aufbringen. 500 Euro Netto-Lohn für einen Hochschulabsolventen sind jedoch schlicht Ausbeutung – von einjährigen unbezahlten Praktika ganz zu schweigen.

Auf Good-will muss auch der Angestellte eines Bundestags-Abgeordneten hoffen, denn auch hier gibt es keine Tarifverträge. Mit einem monatlichen Brutto-Gehalt zwischen 2.000 und 3.500 Euro kann man jedoch rechnen.

Warum dann Politikberatung?

Wie man sieht, fließen nicht Milch und Honig im Land der Politikberatung. Doch auf denjenigen, der sich für diesen Berufzweig entscheidet, wartet ein überaus spannendes und abwechslungsreiches Berufsfeld. Die Begeisterung der Autoren, die sich in ihren Artikeln spiegelt, wird Sie hoffentlich bei der Zukunftsplanung inspirieren.

Florian Busch-Janser

Jg. 1978, Managing Partner der Busch-Janser Personalmanagement KG, Wirtschaftsjurist mit Schwerpunkt Arbeitsrecht und Politikwissenschaftler, ehemals Leiter Kommunikation des Deutschen Institutes für Public Affairs, davor tätig für Pleon Kohtes Klewes und als freier Journalist für u. a. Die Welt, absolvierte Praktika im Deutschen Bundestag, im Europäischen Parlament, bei der CDU, Publicis Consultants und Siemens Government Affairs Washington, DC., Mitarbeit in der Wahlkampagne der CDU Berlin und des US-Präsidentschaftskandidaten John Kerry in Washington, DC. Kontakt: fbj@bjp.eu

Sandra Busch-Janser

geb. Gerding, Jg. 1978, Public Affairs-Beraterin bei dimap communications, Doktorandin, absolvierte Studium an der Hochschule für Politik München, Stipendiatin der Hanns Seidel Stiftung, ehem. journalistisch tätig für die Sankt Petersburgische Zeitung (Russland), ehem. Projektassistenz bei fischerAppelt Berlin, Mitarbeit in der Press- and Public-Information-Section der OSZE in Wien, diverse Wahlbeobachtungen für EU, Europarat und OSZE, Mitarbeit im Wahlkampf-Team der CDU Sachsen bei der Bundestagswahl 2002 und in der Kampagne des US-Präsidentschaftskandidaten John Kerry in Washington, DC. Kontakt: sbj@polisphere.de

Mario Voigt

Jg. 1977, Mitbegründer von Blueberry Consulting, Agentur für Politische Kommunikation und Strategie. Studium der Politikwissenschaft, Neueren Geschichte und des Öffentlichen Rechts an den Universitäten Jena, Bonn und Charlottesville, VA. Schrieb seine Promotion zum amerikanischen Präsidentschaftswahlkampf 2004. Arbeitete für die Politische Repräsentanz von Siemens in Brüssel, Politische Planungsabteilung der CDU und Konrad-Adenauer-Stiftung in Washington, DC., RCDS-Bundesvorsitzender 1999. Voigt beriet bei Wahlen auf kommunaler, nationaler und internationaler Ebene. Er forschte zur amerikanischen Kampagnenführung und politischem Lobbying von Großunternehmen am Center for Politics, Charlottesville. Voigt war 2004 Wahlkampfbeobachter der Konrad-Adenauer-Stiftung in den USA und ist Mitbegründer von polisphere. Kontakt: mv@polisphere.de

INSIDER
INTERNE POLITIK(ER)BERATUNG

Wo sich „Multiplayer" zu Hause fühlen

von Michael Scharfschwerdt

Wer denkt, dass politische Berater in Parteien Experten für einzelne Sachthemen sein sollten, der täuscht sich. Die Allrounder und Generalisten unter den Politikern sind es, die man normalerweise in Parteien und deren Zentralen antrifft. Daraus ableitend kann man sich auch sehr schnell ausmalen, wie es sich auf der Arbeitsebene verhält.

Es geht weniger um die Ausarbeitung und das Herumfeilen an inhaltlichen Gutachten. Im Mittelpunkt der Arbeit steht nicht die Konzeption von Gesetzentwürfen oder die fachliche Detailberatung oder wissenschaftliche Hinterfragung von aktuellen (und nicht aktuellen) politischen Themen. Dafür gibt es genügend Orte im politischen Raum, an denen dies passiert – angefangen bei Fraktionen, Ministerien, Stiftungen bis hin zu Hochschulen.

Multiplayer

Nein, wer es in die Arbeitsebene von Parteien zieht, der sollte sich bewußt sein, dass andere Schlüsselqualifikationen gefragt sind. Es ist der Platz für „Multiplayer", wobei dieser Begriff in keiner Weise arrogant zu verstehen ist gegenüber den anderen, bereits angesprochenen Arbeitsfeldern. Im Gegenteil! Ohne das jeweilige Fraktionspendant, sei es auf Landes- oder Bundesebene, die Ministerien im Falle einer Regierungsbeteiligung oder gar das wissenschaftliche Umfeld, könnte die Politik(er)beratung in Parteien nicht stattfinden. Ohne Fachleute für einzelne Themen, von denen man sich Informationen besorgen kann oder Wissenschaftler mit denen man über den Alltag hinaus einmal die politische Lage reflektieren kann, wären Berater in Parteizentralen recht hilflos.

Für Politikberater in Parteien gilt es täglich zu managen, zu vernetzen, zu komprimieren, in Botschaften zu packen und allen Beteiligten das Gefühl zu geben, dass jeder angemessen berücksichtigt wird. Dazu gehört – so simpel es vielleicht klingt – natürlich auch, dafür zu sorgen, dass die eigene Partei und, je nach Arbeitsstelle, der eigene Chef in all dem Spiel am Ende als Sieger vom Platz geht. Doch was heißt das konkret für den Alltag?

Egal ob als Büroleiter, Öffentlichkeitsarbeiter oder Pressesprecher, täglich bewegt man sich im Spannungsverhältnis zwischen knappen Ressourcen, einem begrenzten Zeitbudget und der Vielzahl von Anfragen innerhalb der Parteizentrale – von Journalisten, Verbandsvertretern und nicht zuletzt natürlich auch aus der eigenen Partei und Fraktion. Sie alle haben ein Anliegen oder eigene Interessen und wollen natürlich schnellstmöglich „bedient" werden. Und auch der eigene Chef bzw. die eigene Parteizentrale mit ihrem Vorstand haben Interessen, wollen ihrerseits Prozesse anstoßen und dies auch medial verbreiten.

Es dürfte daher nicht verwundern, wenn nahezu jeder einzelne Arbeitsakt des Tages letztlich eine Form von Politik(er)beratung ist. So entscheidet die Pressestelle tagtäglich aufs Neue, was politisch relevant ist und morgens in der „Kleinen Lage" (der Morgenbesprechung) den Vorstandsmitgliedern und den anderen Teilnehmern dieser Runde präsentiert wird: Welche Debatte läuft gerade für und welche gegen einen? Was kann man medial laufen lassen, wo muss man aktiv werden? Wie ist die Kommentarlage? Was sind die Termine des Tages? Wo könnten sich mediale Handlungsmöglichkeiten ergeben und welches Vorstandsmitglied wäre dafür am besten geeignet? Was ist heute noch kein Thema, bahnt sich aber an?

Dies sind nur einige Fragen, die Liste ließe sich noch beliebig verlängern. In maximal 20 Minuten einmal durch das Dickicht der deutschen Medienlandschaft und so aufbereitet, dass die (telefonischen) Zuhörer auch am Ende noch wissen, was das erste Thema war. Denn nach der Bestandsanalyse fängt die eigentliche Beratung erst an. Wie ist das mediale Echo auf die eigenen Aktivitäten der Vortage? Was lief gut, was schlecht? Muss man seine Linie ändern? Welche Themen sind neu und bedürfen eigener Aktivitäten? Wer bereitet diese gegebenenfalls vor? Reicht die Sachlage aus oder braucht man noch mehr Informationen? Herrscht Einheit über das Vorgehen und die jeweilige Stoßrichtung? In welcher Form wird man aktiv?

Schlacht des Abwägens

Die Medienlage am Morgen zeigt beispielhaft die angesprochene „Schlacht des Abwägens", die es Tag für Tag zu schlagen gilt. Als Büroleiter in einem Vorstandsbüros ergeben sich Handlungsaufträge aus der Medienlage, die bis spätestens zum späten Vormittag erledigt sein müssen, will man medial noch am selben Tag aktiv werden. Gleichzeitig liegt schon die Post des Tages für den Chef auf dem Schreibtisch, gibt es einen Stapel an eingehenden E-Mails. Beides muss gesichtet und sortiert werden. Was davon muss sofort bearbeitet werden, was kann warten? Was könnte attraktiv sein und wo sind Zweifel angebracht? Auf den ersten Blick sieht dies nach recht unscheinbarer Arbeit aus. In Wahrheit sind gerade an solch einer Stelle hohe Sorgfalt und Beratungsfähigkeit gefragt. Schon so mancher liegengebliebener Brief oder so manche in den Papierkorb verschobene E-Mail hat sich in der Vergangenheit als heikel erwiesen und damit den ein oder anderen Politiker mitsamt Büroleiter in die Bredouille gebracht.

Wie zuvor bereits beschrieben, ist der „Multiplayer" in der Parteizentrale auf die fachlichen Experten in seinem Umfeld angewiesen. Er muss wissen, wen er zu welchem

Thema anruft, muss aus den mitunter sehr fachspezifischen Aussagen die Kernpunkte abstrahieren, direkt erkennen, welches die parteipolitisch interessanten Knackpunkte sind und welche Abschnitte eines Gesetzentwurfes beispielsweise eher verwaltungstechnisch von Interesse sind. Und am Ende muss alles so aufbereitet sein, dass sich der eigene Chef in wenigen Sätzen einen Überblick verschaffen kann inklusive Handlungsempfehlung des Beraters und dem Vorschlag für eine parteipolitische Kernbotschaft. Dasselbe Prinzip also wie bei der täglichen Medienlage: Aus der großen Masse an täglich ablaufenden politischen Prozessen gilt es die parteirelevantesten auszufiltern, zu bewerten und eine Empfehlung auszusprechen, ob und wie damit umzugehen ist.

Dies trifft umso mehr für eine Partei wie BÜNDNIS 90/DIE GRÜNEN zu. Unter den im Bundestag mit Fraktionen vertretenen Parteien verfügt der grüne Bundesverband über das geringste Budget und somit auch die kleinste Personalausstattung für seine Arbeit auf Bundesebene. Während Union und SPD in ihren Parteizentralen eigene Stäbe unterhalten, die politisch fachspezifisch arbeiten, sind die Vorstandsbüros und die anderen Teile der Bundesgeschäftsstelle von BÜNDNIS 90/DIE GRÜNEN auf externen Sachverstand und gleichzeitig auf wirkliche „Multiplayer" im Mitarbeiterstab angewiesen.

Pflicht und Kür

Die tägliche „Schlacht des Abwägens" ist das Eine, die Frage des eigenen Themensettings das Andere. Wer denkt, dass es ausreicht am Ende des Arbeitsalltags wieder einen leeren Schreibtisch vor sich zu sehen, der täuscht sich in gleich zweierlei Hinsicht. Erstens wird der Schreibtisch nicht leer sein, denn dafür liegen schon wieder die ersten Sachen des nächsten Tages auf Halde. Zweitens hat man zu diesem Zeitpunkt genaugenommen auch erst einen Teil seiner Beratungsarbeit getan – nämlich die Bewältigung all der Dinge, die von außen bestimmt wurden, die es nach dem nötigen Abwägen einfach abzuarbeiten galt.

Es reicht aber nicht aus, im täglichen Politikgeschäft nur mitzuschwimmen, sondern das Ziel muss vielmehr lauten, beim Themensetting ein gehöriges Wort mitzureden und die anderen Akteure im politischen Spiel zu treiben anstatt getrieben zu werden. Nur die Parteien, die sich programmatisch weiterentwickeln und neue Projekte auf die Agenda rufen, können auch dauerhaft Erfolg haben. Dies gilt nicht nur für jene in Regierungsverantwortung, sondern auch für die in der Opposition. Schließlich wird eine Partei nicht für Ihre Kritik an den anderen gewählt, sondern vielmehr, dass sie auch glaubhaft belegen kann, dass sie die Konzepte und Ideen hat, wie es besser gehen würde. Diese „Schlacht des Abwägens" zwischen „Pflicht" (dem Tagesgeschäft) und „Kür" (dem eigenen Themensetting) ist fast noch härter als die Frage, welche E-Mail auch morgen noch beantwortet werden kann. Denn der subjektive Druck auf die „Pflicht" ist viel höher als auf jene Dinge, die über das Tagesgeschäft hinausgehen. Wer unbedingt einen Termin bei einem Parteivorsitzenden haben will, wird solange nachhaken bis er ein Ja oder Nein als Antwort erhält. Ein politisches Projekt für die nächste Legislaturperiode programmatisch zu finden und zu entwickeln, damit es irgendwann in einem Wahlprogramm Niederschlag findet, ist da ganz klar im Nachteil. Ruft man es nicht selbst immer wieder von sich aus auf den Plan, wird es sich nicht von sich aus melden.

Beratung braucht immer Zwei

Eine gute Politik(er)beratung in Parteien hat es im Vergleich zu anderen Institutionen eigentlich am schwersten. Natürlich gibt es auch hier genügend Beratungssituationen, wo harte Fakten, wie Kostenberechnungen bei Gesetzentwürfen etc., auf dem Tisch liegen und sachlich entschieden werden kann. Der Berater eines Ministers kann bei einem neu zu erarbeitenden Gesetzentwurf auf Expertisen zurückgreifen und darauf seine (Sach-)Argumentation aufbauen. Für Berater in Parteizentralen ist es da viel schwieriger. Gerade die oftmals wirklich heiklen Fragen bedürfen intuitiver Entscheidungen. Hintergrundgespräche mit Journalisten oder anderen Multiplikatoren können beim Überblick über die politische Situation helfen. Am Ende muss aber der jeweilige Politiker selbst entscheiden, wie und ob er sich positioniert. Dies gilt gerade für Vorsitzende einer Partei, die zu allen Themen befragt werden und die in einer Pressekonferenz oder in einem Interview nicht einfach ihre Antwort für die nahe Zukunft ankündigen können.

Als Berater gilt es genauso Stellung zu beziehen und mit dem/n politisch Verantwortlichen zu diskutieren. Genau an dieser Stelle trennt sich dann auch die Spreu vom Weizen, und zwar auf beiden Seiten.

Es gibt wohl nichts schlimmeres für einen Politikberater als einen Chef, der einen zwar für die Bewältigung des Tagesgeschäfts braucht, aber darüber hinaus erwartet, dass man seinen Mund hält, weil er glaubt, als sein eigener Berater der Beste zu sein. Ist man an solch ein „Exemplar" gelangt, sollte man sich zweimal überlegen, ob das gewählte Tandem Chef/Berater wirklich das Richtige ist.

Für einen Politiker gibt es im Gegenzug eigentlich nichts schlimmeres als einen Berater, der nicht berät. Sei es, dass er nicht Stellung bezieht oder, was viel schlimmer ist, indem er immer die Meinung des Chefs annimmt. Dies mag zwar bequem sein und für eine gewisse Zeit eine Jobgarantie bedeuten, aber letztlich wird es der Sache nicht dienen und man hat auch seinen Job falsch verstanden.

Denn wer soll die Arbeit eines Vorstandsmitglieds kritisch beleuchten dürfen, wenn nicht sein engstes Arbeitsumfeld? Wer soll positive <u>und</u> negative Kritik an einem Medienauftritt oder einer Positionierung üben, wenn nicht der eigene Büroleiter oder der eigene Pressesprecher. Nur dadurch kann man sich weiter entwickeln und Schwächen abstellen. Sicherlich ist dies der heikelste Arbeitsbereich eines Beraters, aber zugleich auch der wichtigste.

Parteikarriere oder Quereinstieg?

Doch wie schafft man denn den Sprung in eine Parteizentrale als Referent, Büroleiter, Öffentlichkeitsarbeiter oder Pressesprecher? Auch hier gilt: Viele Wege führen nach Rom!

Lange könnte man nun die Diskussion aufmachen, ob ein politikwissenschaftliches Studium denn nun die unabdingbare Voraussetzung sein sollte für einen Berater in einer Parteizentrale. Wie so oft entscheidet der Einzelfall. Der beste Diplom-Politologe kann im Alltagsgeschäft als Büroleiter kläglich untergehen, wenn ihm das Gespür für den parteipolitischen Alltag fehlt. „Fachfremd" ausgebildete Berater können hingegen brilliant sein, wenn sie genau über dieses Gespür verfügen.

Vier Eigenschaften sollte jedoch jeder Interessent voller Inbrunst mit Ja beantworten können: kommunikativ sein, Leistungsbereitschaft zeigen, über parteipolitische Nähe und Teamfähigkeit verfügen.

Kommunikativ sein: Wer wie in diesem Job, ständig mit anderen Menschen ganz unterschiedlicher Art und Ausprägung zu tun hat, muss kommunikativ sein. Das bedeutet sicherlich nicht, dass man den ganzen Tag gerne wie ein Wasserfall redet. Eher das Gegenteil ist der Fall. Es ist wichtig sich auf den Gegenüber einzulassen und auch zuhören zu können und die entscheidenden Punkte auszufiltern. Und stören darf dabei eben auch nicht, dass sich die Menschen, mit denen man zu tun hat, aus ganz unterschiedlichen Gründen sich melden und völlig divergierende Erwartungen haben. Es gehört dazu, gerade noch mit einem wichtigen Journalisten zu reden und kurz danach eben auch mit einem Kreisvorsitzenden der Partei. Arroganz ist immer fehl am Platz und der falsche Ton erst recht.

Kommunikativ sein heißt aber auch, sich auf die wesentlichen Dinge beschränken, kurz und knapp zusammenfassen zu können sowie auch seine eigenen Fragen entsprechend zu stellen. Wer jedesmal eine ganze Lebensgeschichte erzählen will, wird schnell feststellen, dass das beim Gegenüber nicht gerade Begeisterungsstürme hervorruft. Dafür ist die Zeit in der politischen Zunft zu knapp bemessen.

Leistungsbereitschaft: Job, dann Job und nochmals Job. Diese wenigen Worte beschreiben zutreffend, was es heißt in einer Partei(zentrale) als Berater zu arbeiten. Feste Arbeitszeiten gibt es nicht und über die Wochenstundenzahl im Arbeitsvertrag kann man nur müde lächeln. In der Parteipolitik gibt es keine Wochenenden. Es interessiert einen Journalisten oder einen noch mit anderen Büros abzustimmenden Leitantrag nicht, ob Freitagabend ist. Das Einzige, was zählt, ist die Frist, zu der alles fertig sein muss. In einer Job-Kleinanzeige würde als Beschreibung wahrscheinlich stehen: „Bieten spannenden Job – erwarten extrem hohe Flexibilität".

Parteipolitische Nähe: Professionelle Beratung in einer Partei geht nicht, ohne selbst eine hohe politische Nähe zur Partei und ihrem Programm zu haben. Anders als in einer Public Affairs Agentur, in der man für wechselnde Kunden arbeitet, funktioniert es auf Dauer schlichtweg nicht, wenn einem bei jeder Pressemitteilung, die die Rückkehr zur Atomkraft fordert, ein kalter Schauer den Rücken herunter läuft. Das bedeutet nicht einmal, dass man unbedingt immer Parteimitglied sein muss, um seine Nähe zu demonstrieren, aber grün denkend und bei der CSU arbeitend, das ist zum Scheitern verurteilt. Dies gilt umso mehr aus einem zweitem Grund. Wer nicht selbst in Grundzügen so „tickt" wie die Parteibasis, dem fehlt im politischen Alltag ein wesentlicher Baustein bei der Entscheidungsfindung. Dies ist nicht nur ganz konkret „politisch inhaltlich" gemeint, sondern auch „politisch kulturell".

Teamfähigkeit: Spitzenpolitiker scheinen selbst letztlich mehr und mehr Einzelgänger zu sein, je höher ihre Ämter oder Mandate. Für Berater wäre dies eine falsche Eigenschaft. In einem Job, in dem man tagtäglich mit einer überschaubaren Zahl von Kollegen intensiv zusammenarbeiten muss, geht es ohne Teamspirit nicht. Netzwerken heißt eben nicht nur mit anderen Institutionen und Personen sich ständig auszutauschen und vom „Geben und Nehmen" zu profitieren, sondern genauso im unmittelbaren Umfeld, also der Partei zu verfahren. Geheimniskrämerei ist genauso fehl am Platz wie der ständige Versuch in anderen Vorgärten etwas abzuzweigen. Man wird feststellen, dass die Zäune um die Gärten sehr schnell sehr hoch werden und der Informationsfluss versiegt.

Dass man all diese Talente hat, muss man übrigens nicht unbedingt durch ein Studium in Rekordzeit mit Jahrgangsbestnote nachweisen oder mit der Tatsache, dass man in zwei Jahren drei Auslandsaufenthalte hinter sich gebracht hat. Ein Nachteil ist es sicherlich nicht, aber wen interessiert beispielsweise wirklich, was man im Grundkurs Sport im Abijahr für eine Note hatte?

Um ein Vielfaches wichtiger sind jene Dinge, die abseits der Schul- und Hochschulzeugnisse stehen. War man neben seinem Studium sozial oder politisch oder in einer sonstigen Form ehrenamtlich aktiv? Hat man zwar drei Semester länger studiert, aber dafür immer auch nebenher gejobbt?

Derjenige hat die besten Chancen, der in Bewerbung und Vorstellungsgespräch deutlich macht, was sein Alleinstellungsmerkmal ist. Was gibt es, was nur er bieten kann und was ihn deswegen genau für diese Tätigkeit so unablehnbar macht?

Auch dies ist keine Erfolgsgarantie, aber wer aus der Masse positiv auffällt, den merkt man sich.

Praktikum oder Parteikarriere?

Eine der beliebtesten Frage von Studenten bei Informationsveranstaltungen ist immer wieder, wie man denn nun ganz konkret einen Job in einer Parteizentrale ergattert. Viele sind dann erstaunt, wenn sie hören, dass es eigentlich gar nicht so oft die Karriereleiter in der Partei war, die man erklimmen musste. Es ist nur ein Weg und er ist in den großen Parteien wohl sicherlich auch stärker ausgeprägt als in den kleineren.

Eine der besten Möglichkeiten ist und bleibt jedoch das Praktikum. Wer einmal im Rahmen eines Praktikums in eine Parteizentrale reingeschnuppert und eine gute Visitenkarte hinterlassen hat, auf den greift man auch gerne einmal zurück, wenn sich personelle Veränderungen im Hause oder Parteiumfeld ergeben. Und das Praktikum hat einen weiteren entscheidenden Vorteil: Man selbst kann sich in Ruhe umsehen, um festzustellen, ob die Tätigkeit als Berater in einer Partei wirklich etwas für einen ist oder ob man nicht doch ganz andere Erwartungen hatte.

Die Erfahrung zeigt jedenfalls, dass nahezu alle, die in der Bundesgeschäftsstelle von BÜNDNIS 90/DIE GRÜNEN ein Praktikum absolviert haben seitdem der Autor dort tätig ist, entweder in der Parteizentrale selbst oder aber zumindest im grünen Umfeld letztlich eine Anstellung gefunden haben, wenn sie für sich entschieden haben, dass Politikberatung der Job ist, den sie favorisieren.

Michael Scharfschwerdt

leitet die Öffentlichkeitsarbeit beim Bundesvorstand von BÜNDNIS 90/DIE GRÜNEN. Zuvor war er als Referent im selben Bereich tätig. 2001/2002 war er Büroleiter bei Reinhard Bütikofer. Er verantwortet u. a. den Internetauftritt www.gruene.de und das grüne Mitgliedermagazin schrägstrich. 2004 war er Mitglied der Arbeitsgruppe der Europäischen Grünen Partei zur Konzeption und Durchführung der europaweiten grünen Wahlkampagne. Vor seiner Tätigkeit beim Bundesverband von BÜNDNIS 90/DIE GRÜNEN arbeitete er im Bereich Public Affairs bei ABC EURO RSCG Berlin und war 1998/99 für BÜNDNIS 90/DIE GRÜNEN Saar tätig.

Kontakt: michael.scharfschwerdt@gruene.de

Ein Leben im Mikrokosmos

von Katja Pohlmann

Immer wieder dienstags kann man sie in den Abendnachrichten sehen: Bundestagsabgeordnete auf dem Weg in ihre Fraktionssitzungen. Inmitten der aus dem Fernsehen vertrauten Gesichter erspäht der aufmerksame Beobachter aber auch weniger bekannte Köpfe. Dies sind dann entweder die Abgeordneten der zweiten und dritten Reihe oder – und um diese geht es in diesem Beitrag – es ist die Spezies der Fraktionsreferenten.

Fraktionsmitarbeiter als Politikberater der Abgeordneten – sicherlich nicht die klassische Form der Politikberatung, aber dennoch eine enorm wichtige. Um die Komplexität der Arbeit eines Fraktionsmitarbeiters zu erfassen, ist ein kurzer Einblick in die Arbeit der Bundestagsfraktionen von Hilfe. Fraktionen sind das Abbild der politischen Parteien im Parlament.

Eine Fraktion vereinigt alle Abgeordneten des Bundestages, die ein und derselben Partei angehören. Eine Ausnahme bildet die CDU/CSU-Bundestagsfraktion. Hier sind zwei selbständige Fraktionen aufgrund (mehr oder weniger) gleichgerichteter politischer Ziele durch Vertrag eine Fraktionsgemeinschaft eingegangen. Um den Status einer Fraktion zu erlangen, muss diese mindestens 5% aller Bundestagsabgeordneten stellen. So will es die Geschäftsordnung des Deutschen Bundestages.

Arbeitsabläufe in Fraktionen

Der sicherste Weg, sich sofort gegen eine Tätigkeit in einer Bundestagsfraktion zu entscheiden, ist ein Blick in die erwähnte Geschäftsordnung. Was dort an parlamentarischen Abläufen, Beratungs- und Mitberatungsrechten festgehalten ist, klingt auf den ersten Blick in der Tat wenig reizvoll. Aber der Schein trügt – zum Glück! Wer diese psychologische Hürde überwunden hat, wird schnell bemerken, dass die Geschäftsordnung gleichermaßen Kriegs- und Friedensordnung für die parlamentarischen Gefechte der Fraktionen ist. Sie ist damit eine Art Bibel für jeden Fraktionsreferenten. Neben der Geschäftsordnung ist auch die Arbeitsordnung einer Fraktion enorm wichtig. So wie die Geschäftsordnung das Verhältnis der Fraktionen im Deutschen Bundestag untereinander regelt, so bestimmt die Arbeitsordnung das Innenleben einer jeden Fraktion. Das macht die Sache zwar auf den ersten Blick noch komplizierter, ist aber für die tägliche Zusammenarbeit innerhalb einer Fraktion unerlässlich.

Als Fraktionsreferent gewinnt man aus erster Hand Einblicke in Abläufe, die rasend schnell, aber auch quälend langsam sein können. Man lernt die menschlichen Seiten von Abgeordneten kennen, die unser Land politisch gestalten möchten. Unbemerkt bleiben dabei auch nicht die Stärken und Schwächen, die Eitelkeiten, Befindlichkeiten und Machtansprüche, die allen politischen Prozessen inne wohnen und welche die Arbeit gerade auch von Mitarbeitern maßgeblich beeinflussen.

Der Arbeitsalltag eines Fraktionsmitarbeiters hängt stark von seinem Arbeitsplatz innerhalb der Fraktion ab. Fraktionsmitarbeiter teilen sich auf in Fraktionssekretärinnen, Fraktionssachbearbeiter und Fraktionsreferenten. Um die Referenten, also wissenschaftliche Mitarbeiter mit abgeschlossenem Hochschulstudium, soll es im Folgenden hauptsächlich gehen. Neben den Referenten der Funktionsträger, wie z. B. denen der Fraktionsvorsitzenden, der stellvertretenden Fraktionsvorsitzenden und der Parlamentarischen Geschäftsführer, gibt es die Referenten der so genannten Facharbeitsgruppen, die sich in ihren Schwerpunktthemen an den Ausschüssen des Deutschen Bundestags orientieren. So gibt es Facharbeitsgruppen für Innen- und Außenpolitik, Wirtschafts- und Arbeitspolitik, Gesundheits- und Sozialpolitik. Daneben kennen die meisten Fraktionen auch Referenten für weitere Fraktionszusammenschlüsse. So gibt es beispielsweise in der CDU/CSU-Bundestagsfraktion fünf soziologische Gruppen. Dies sind: die „Junge Gruppe", die „Gruppe der Frauen", der „Parlamentskreis Mittelstand", die „Arbeitnehmergruppe" sowie die „Gruppe der Vertriebenen und Flüchtlinge".

Anders als die Facharbeitsgruppen verbindet diese Gruppen demnach kein thematisches Gebiet, sondern vielmehr ein soziologisches Merkmal. Sie stellen damit quasi eine Art innerfraktionelle Lobby für die Interessen einer bestimmten Bevölkerungsgruppe dar. Schließlich verfügen alle Fraktionen auch über Fraktionsreferenten für Querschnittsaufgaben, beispielsweise Presse- oder Internetreferenten.

Allen Referentenstellen gemein ist eine über das Jahr ungleich verteilte Arbeitsbelastung. Sitzungswochen und sitzungsfreie Wochen unterscheiden sich wie Tag und Nacht, wie Ying und Yang. Wer sich in parlamentarischen Sitzungswochen – und davon gibt es im Schnitt etwa 25 im Jahr – mit Freunden und Verwandten verabredet, geht nicht selten das Risiko ein, die Verabredung kurzfristig absagen zu müssen, denn die Arbeitszeiten sind kaum kalkulierbar. Büroarbeit bis 19 Uhr ist in Sitzungswochen die Regel und bis 20 Uhr nicht selten. Wenn eine Abendsitzung anberaumt ist, kann der Uhrzeiger auch schon einmal gefährlich nahe an Mitternacht rücken. Wochenarbeitszeiten zwischen 45 und 55 Stunden lassen für Fraktionsreferenten die Debatte um die Wiedereinführung der 40-Stunden-Woche wie eine rein virtuelle Diskussion erscheinen, da diese für viele schon am Donnerstag Mittag einer Woche erreicht ist. Muss der Chef kurzfristig für einen Kollegen in einer Debatte im Plenum des Deutschen Bundestags einspringen, so ist auch die langfristigste private Verabredung dahin. Werden Klausurtagungen auch über mehrere Tage anberaumt, sind Fraktionsreferenten selbstverständlich dabei; private Vorhaben müssen dann zurücktreten. Regelmäßige Wochenenddienste kennen hauptsächlich die Referenten der Pressestelle. Bei besonderer politischer Brisanz ist das Arbeiten am Wochenende aber auch für die Referenten der anderen Arbeitsgruppen keine Seltenheit, in Wahlkampfzeiten sogar eher die Regel. Abwechselnd müssen sie am Wochenende per Handy und/oder e-Mail für die Fraktionsspitze, aber auch für Journalisten erreichbar sein. Schließlich muss prompt reagiert werden, wenn beispielsweise der Fraktionsvorsitzende einer gegnerischen Partei auf Seite Eins der Sonntagspresse einen politischen Überraschungsangriff startet.

Sitzungswochen: Der „strukturierte Wahnsinn"

Der eigentliche Sitzungswochenmarathon beginnt am Montag kurz nach Ankunft der Abgeordneten aus dem Wahlkreis. In der Regel werden noch vor den Sitzungen der so genannten Landesgruppen (Zusammenschluss von Abgeordneten einer Fraktion aus einem Bundesland) Teambesprechungen durchgeführt. Teambesprechungen sind das Herzstück jeder funktionierenden Arbeitseinheit. Gemeinsam mit dem Chef wird hier beraten, welche Initiativen für Gesetzentwürfe oder parlamentarische Anfragen in dieser Sitzungswoche anstehen, welche Themen „aufkochen" könnten, wie darauf adäquat reagiert werden sollte, welche Konflikte mit anderen Arbeitsgruppen sich anbahnen, welche Pressemitteilungen vorzubereiten sind und vieles mehr. Am Ende einer solchen Teambesprechung weist der in sitzungsfreien Wochen mühsam frei gearbeitete Tisch des Mitarbeiters nur noch wenige papierfreie Flecken auf. Hier hilft nur sorgfältiges Vorsortieren in Stapel, die sofort bearbeitet werden müssen und Stapel, die zunächst noch warten können.

Am Dienstag einer Sitzungswoche ist der Versuch, einen Fraktionsmitarbeiter an seinem Platz zu erreichen, in den meisten Fälle eine vergebliche Mühe. Am Dienstagmorgen tagen die Facharbeitsgruppen, deren Sitzungen häufig bis zum Mittag andauern. Hier werden die vorbesprochenen Pläne für eigene parlamentarische Initiativen weiter verfeinert, Initiativen anderer Arbeitsgruppen mitberaten oder die eigene Positionierung zu Initiativen anderer Fraktionen diskutiert. In den anschließenden Stunden informieren sich Fraktionsreferenten arbeitsgruppenübergreifend gegenseitig über die Beratungsergebnisse des Morgens und versuchen nach Maßgabe der Beschlüsse in den Arbeitsgruppen eine gemeinsame Linie zu finden. Schließlich sollten alle Unklarheiten aus dem Weg geräumt sein, wenn am Nachmittag die Bundestagsabgeordneten einer Fraktion zur Fraktionssitzung zusammenkommen, um sich zu aktuellen Themen auszutauschen und zu wichtigen politischen Fragen eine möglichst einheitliche und damit für alle Fraktionsmitglieder bindende Linie festzulegen. Da Fraktionssitzungen oft der beste Seismograph der Stimmungslage innerhalb der Fraktion sind, ist die Teilnahme von Fraktionsreferenten an den Sitzungen wichtig und ausdrücklich erwünscht. Nirgendwo sonst kommen die unterschiedlichen Interessen der Arbeitsgruppen in einer Fraktion so offen zum Tragen wie hier.

Der Mittwochvormittag ist für die meisten Fraktionsreferenten mit der Teilnahme an Ausschusssitzungen verplant. Sie unterstützen dabei den Vorsitzenden der Arbeitsgruppe, aber auch alle anderen Abgeordneten der Fraktion in der Sitzung und sorgen so für einen möglichst reibungslosen Ablauf. Kaum sind sie zurück im Büro, folgt am Nachmittag eine Koordinierungsrunde aller Fachreferenten. Im Verlaufe derer festgelegt wird, welche Initiativen in den nächsten Sitzungswochen auf die Tagesordnung des Plenums gesetzt werden sollen. In dieser so genannten „Referenten-Runde" melden die Fraktionsreferenten stellvertretend für ihre Abgeordneten die Platzierung von Themen im Plenum des Deutschen Bundestags und Redezeiten für die Abgeordneten ihrer Arbeitsgruppe an und bereiten so die entsprechenden Entscheidungen in den politischen Gremien wie dem „Ältestenrat" und der Runde der Parlamentarischen Geschäftsführer vor.

Am Donnerstag und Freitag einer Sitzungswoche steigt die Chance, einen Fraktionsreferenten auch tatsächlich im Büro anzutreffen. Die Gremiensitzungen sind dann in der Regel vorbei und die Abgeordneten im Plenum oder in Expertengesprächen gut „beschäftigt". Jetzt beginnt die eigentliche Büroarbeit, denn die Stapel vom Montag sind in der Zwischenzeit eher größer denn kleiner geworden.

Hauptsächlich werden in dieser Zeit besonders eilige Termine der Abgeordneten organisiert, Reisen und Reden für das Wochenende vorbereitet, sowie die wichtigste Post bearbeitet. Dies geschieht nicht nur in der üblichen Briefform und per Fax, sondern zunehmend auch per e-Mail oder gar SMS. Natürlich sind hierfür Kenntnisse in der modernen Datenverarbeitung und Kommunikationstechnik, aber auch fundierte Fremdsprachenkenntnisse, unerlässlich.

Die Ruhe nach dem Sturm: Sitzungsfreie Wochen und Parlamentsferien

Ungleich entspannter geht es in den sitzungsfreien Wochen zu. In diesen sind die Abgeordneten selbst nicht in Berlin, sondern in ihren Wahlkreisen unterwegs, um politisch vor Ort zu arbeiten. Dann finden die Fraktionsreferenten Zeit für das Aufarbeiten der vergangenen Sitzungswoche. Außerdem werden parlamentarische Initiativen recherchiert und zu Papier gebracht, Veranstaltungen (z. B. Anhörungen) vorbereitet, Presseerklärungen geschrieben oder Bürgerbriefe beantwortet. Bei richtiger Arbeitseinteilung kann man dem Büro zwischen 17.00 Uhr und 17.30 Uhr den Rücken kehren.

Der Ehrlichkeit halber soll an dieser Stelle jedoch nicht verschwiegen werden, dass es auch ruhige Phasen im Arbeitsleben eines Fraktionsreferenten gibt. Die Rede ist von der parlamentarischen Sommerpause, jener magischen Zeit, wenn Abgeordnete wochenlang in ihre Wahlkreise oder den verdienten Urlaub entschwinden, in Berlin keine Gremiensitzungen stattfinden, Mitarbeiter einen Großteil ihres Jahresurlaubes nehmen und die Leere in den zahllosen Gängen des Bundestages fast gespenstische Züge annimmt. Dies ist auch für Fraktionsmitarbeiter die Zeit, ihre Akten in aller Ruhe gründlich auf deren Aktualität zu durchforsten und den meterhohen Lesestapel in Angriff zu nehmen. Nicht selten wird man dann ernüchtert feststellen, dass sich die meisten Beiträge der einschlägigen Fachliteratur in der Zwischenzeit schon überholt haben. Politik ist eben doch schnelllebig.

Einstiegsmöglichkeiten

Wie also kann sich der interessierte Student auf das zuvor beschriebene Arbeitsleben vorbereiten, vorausgesetzt, er ist willig, auf eine geregelte Arbeitszeit weitgehend zu verzichten? Zunächst einmal – und das kann wohl kaum überraschen – sollte es eine möglichst große Übereinstimmung zwischen dem Studiengang und dem angestrebten Arbeitsfeld geben. Wer beispielsweise Volkswirtschaft studiert, dürfte in der Arbeitsgruppe „Wirtschaft und Arbeit" gut aufgehoben sein, Jurastudenten folglich eher in der Arbeitsgruppe „Recht". In der Praxis finden sich überproportional viele Juristen, Betriebs- und Volkswirte sowie Politologen unter der Referentenschar. Aber auch so manche „Exoten", wie beispielsweise Journalisten und Lehrer, haben den Quereinstieg geschafft. Wichtigstes Kriterium für jeden Fraktionsreferenten egal, welcher Vorbildung, ist, dass er Spaß am Umgang mit Menschen hat, eine schnelle Auffassungsgabe besitzt, über einen sicheren Schreibstill verfügt sowie auch unter großem Druck in kürzester Zeit verlässliche Ergebnisse liefern kann. Diese Eigenschaften, gebündelt mit einem soliden Fachwissen, bieten eine Grundlage dafür, dass man sich das Vertrauen seines Chefs erwerben und so politische Prozesse mitgestalten kann. Wer also eher zur Wissenschaft tendiert und Dingen genauer auf den Grund gehen will, sollte seinen beruflichen Einstieg vielleicht nicht als Fraktionsreferent suchen.

Eher selten ist die direkte Rekrutierung der Fraktionsreferenten aus den Reihen der Hochschulabgänger. Wie in so vielen anderen Arbeits-bereichen auch, greifen Fraktionen lieber auf Bewerber zurück, die schon über einige Jahre Berufserfahrung verfügen, sei es in einem Unternehmen, einem Verband oder einem Ministerium. Ein durchaus üblicher Weg, in die Reihen der Fraktionsreferenten zu kommen, ist der Umweg über die Stelle des persönlichen Referenten eines noch wenig bekannten Abgeordneten mit absehbarem Karrierepotential. Steigt dieser bei Gelegenheit innerhalb der Fraktion auf – so beispielsweise zum Arbeitsgruppenvorsitzenden oder parlamentarischen Geschäftsführer – steht es dem Abgeordneten frei, seine eigenen Mitarbeiter mitzunehmen. Allerdings muss hier eingeschränkt werden, dass nicht jeder Abgeordnete von dieser Möglichkeit Gebrauch machen wird. Dies ist insbesondere dann der Fall, wenn der Abgeordnete in seiner neuen Funktion nicht auf bereits eingearbeitete Mitarbeiter verzichten möchte.

Der Bewerbungsprozess

Wie auch immer der Einstieg erfolgt: Es gibt zwei Schlüsselwörter, welche die Aufmerksamkeit eines jeden Abgeordneten bei der Sichtung von Bewerbungsunterlagen spürbar steigen lässt: *Praktika* und *ehrenamtliches Engagement*. Ein studienbegleitendes Praktikum im weiteren politischen Umfeld kommt immer gut an; ein Praktikum im Deutschen Bundestag ist in diesem Zusammenhang das non plus ultra, immer vorausgesetzt, dass es bei der „richtigen" Fraktion absolviert wurde. Jede Fraktion ist mit ihren Abgeordneten, Mitarbeitern, Arbeitsabläufen und tradierten Gepflogenheiten ein Mikrokosmos in sich. Diesen zu durchdringen, dauert Wochen, oft Monate. Wenn potentielle Referenten diese Erfahrungen bereits im Rahmen eines Praktikums sammeln konnten, fällt die Einarbeitungsphase als Referent umso kürzer aus. Ein unschlagbarer Vorteil in hektischen Sitzungswochen!

Nicht ganz so einfach ist die Bewertung des ehrenamtlichen Engagements. In der Regel ist hiermit ehrenamtliches, *politisches* Engagement gemeint, aber auch das Engagement in Vereinen, die fachliche Überschneidungen mit der eigenen Arbeitsgruppe haben. Die meisten Abgeordneten begrüßen ein politisches Engagement ihrer Mitarbeiter (zumindest, solange es nicht auf Kosten der Arbeitszeit geht). Es erspart dem Abgeordneten in der Regel lange Erklärungen über Arbeitsabläufe, Personalien und Karrierestrukturen in Parteien. So wird ein Mitarbeiter, der selbst aktives Parteimitglied ist, in der Regel weniger ungläubig hinterfragen, ob der Chef denn nun wirklich zur Hauptversammlung eines kleineren Vereins in seinem Wahlkreis müsse. Denn dass dessen Vorsitzender gleichzeitig im Rat der Stadt sitzt, macht keine Nachfrage mehr notwendig.

Zweifellos gibt es jedoch auch Abgeordnete, die gerade *nicht* wollen, dass ihre eigenen Mitarbeiter mit diesem parteipolitischen Denken behaftet sind. Sie suchen „frischen Wind von außen", also eine unvoreingenommene Perspektive auf den „Mikrokosmos Politik". Hierbei handelt es sich nicht selten um ältere Abgeordnete, die in ihrem Wahlkreis fest im Sattel sitzen und für die „frischer Wind" mit wenig Risiko verbunden ist

Ähnlich sieht es mit Bezug auf das ehrenamtliche Engagement von Mitarbeitern in Vereinen aus. So sehr von Seiten der Abgeordneten natürlich begrüßt wird, wenn ihre Referenten durch ihr persönliches Engagement fachlich noch fester „im Sattel" sitzen, so sehr steht manchmal auch die Befürchtung im Raum, dass der Mitarbeiter im Zweifelsfall nicht immer zwischen ehrenamtlichem Engagement und dienstlicher Positionierung trennen wird. Da man jedoch im Zweifelsfall die persönliche Einstellung des potentiellen Arbeitgebers zum Thema „ehrenamtliches Engagement" erst im Bewerbungsgespräch (wenn überhaupt) erfahren kann, soll an dieser Stelle eine klare Empfehlung für ein möglichst umfassendes ehrenamtliches Engagement abgegeben werden.

Für die konkrete Bewerbung gibt es zwei Strategien. Erstens, man bewirbt sich „blind" bei einem Abgeordneten mit einer Funktion innerhalb der Bundestagsfraktion. Man tut dies in der meist realistischen Annahme, dass dieser zwar momentan keinen Mitarbeiter sucht, aber in der Voraussicht, dass er die Bewerbung für den Fall archiviert, dass zu einem späteren Zeitpunkt ein neuer Mitarbeiter eingestellt wird. Dann „schlummert" die eigene Bewerbung immerhin schon im Aktenordner des potentiellen Chefs, ein guter Anfang. Zweitens – und dies ist der Weg mit den tendenziell größeren Erfolgsaussichten – man bewirbt sich im Personalbüro der angestrebten Bundestagsfraktion. Alle Fraktionen verfügen über eine Art Personalpool, der Bewerbungen sammelt und (nach Studiengang bzw. Ausbildung sortiert) archiviert. Wird nun beispielsweise im Büro eines Arbeitsgruppenvorsitzenden die Stelle eines Referenten frei, schaut sich der betroffene Abgeordnete Bewerbungen aus dem Stellenpool an und lädt geeignete Kandidaten zu Bewerbungsgesprächen ein. Wird dieser Weg gewählt, so sollte insbesondere bei einer längeren Bewerbungsphase darauf geachtet werden, dass die eigenen Daten im Personalpool immer aktuell sind.

Der günstigste Zeitpunkt für eine Bewerbung ist die Zeit um eine Bundestagswahl. Kurz nach der Bundestagswahl gibt es die größten personalpolitischen Bewegungen. Da die Terminierung der Bundestagswahl jedoch in den seltensten Fällen mit der eigenen Karriereplanung zusammenfällt, ist auch eine Bewerbung um den Termin einer Landtagswahl herum nicht selten von Erfolg gekrönt. Dies ist insbesondere dann sinnvoll, wenn absehbar ist, dass eine Reihe von Abgeordneten mit Funktionen innerhalb der Bundestagsfraktion im Falle eines Wahlsieges als Funktionsträger in das wählende Bundesland zurückgehen wird. Schließlich ist auch zum Jahreswechsel ein moderater Personalwechsel zu beobachten, von dem Neueinsteiger profitieren können.

Arbeitsmarkt Fraktionsreferent

Ähnlich wie andere Branchen, unterliegen auch Fraktionen einer gewissen Veränderung, was Mitarbeiteranzahl und Mitarbeiteraufteilung betrifft. Da die Personalkosten einen großen Teil des Fraktionsbudgets einnehmen, bleiben auch die Fraktionen von den allgemeinen Einsparungsmaßnahmen nicht verschont. Die Zahl der Referenten schwankt von Arbeitsgruppe zu Arbeitsgruppe und liegt in der Regel zwischen einem und drei. Ändert sich der Zuschnitt von Ministerien, so spiegelt sich das auch in der Größe der Arbeitsgruppen wider.

Die Aufstiegschancen eines Fraktionsreferenten sind vielfältig, jedoch in den seltensten Fällen langfristig konkret planbar. So ist die eigene Karriere oft an den politischen Erfolg des direkten Vorgesetzten gekoppelt. Wer also ein gutes Verhältnis zu seinem Chef hat, wird in der Regel auch ein Eigeninteresse daran haben, diesen gut zu beraten. Nach einer gewonnenen Bundestagswahl bietet sich für einige Referenten die Chance, in das ehemalige Ministerium zurückzukehren und dort eine herausgehobene Position zu übernehmen. Zunehmender Beliebtheit unter den Referenten erfreut sich auch ein Wechsel auf die Seite von Unternehmen, Vereinen und Interessenverbänden. Zu deren Repräsentanten bestehen durch die Fraktionsarbeit oft jahrelange, gute Kontakte. Nicht selten lassen sich insbesondere Unternehmen die Kontakte und das Know-how des Fraktionsreferenten Einiges kosten, um über dessen Arbeitsplatzwechsel nahe am politischen Puls zu sein.

Abschließend zu einer der wohl wichtigsten Fragen, dem Gehalt. Sicherlich richtig ist die Aussage, dass Fraktionsreferenten in der Regel etwas besser bezahlt werden als gleichaltrige persönliche Referenten von Abgeordneten. Konkrete Gehaltszahlen können jedoch nicht angegeben werden, da diese auch stark vom Alter und dem jeweiligen Verhandlungsgeschick bei der Einstellung abhängen. Aus den Ministerien „ausgeliehene" Beamte werden auch nach ihrem Wechsel in die Fraktion nach dem Beamtenrecht bezahlt. Angestellte Fraktionsreferenten werden an den Bundesangestelltentarif (BAT) angelehnt bezahlt. Auch hier spielt also zuerst das Alter und dann die Leistung eine maßgebliche Rolle. Obwohl Berufseinsteiger nicht häufig eingestellt werden, würde das durchschnittliche Einstiegsgehalt eines Hochschulabgängers ungefähr dem Gehalt nach BAT II a entsprechen. Dennoch ist auch dieses Gehaltsschema kein starres Korsett. Kann man seinen Arbeitgeber mit einer Zusatzqualifikation (beispielsweise einem Doktortitel, einem MBA oder einen längeren Auslandsaufenthalt) überzeugen, so sind auch abweichende Gehaltseinstufungen möglich.

Schließlich darf nicht unerwähnt bleiben, dass das Arbeitsumfeld eines Fraktionsreferenten – trotz verschärfter Sicherheitsanforderungen – ein angenehmes ist. Dazu gehören eine sehr gute technische Arbeitsplatzausstattung sowie hervorragende Recherchemöglichkeiten via Bibliothek und Wissenschaftlichen Dienst. Nicht zuletzt ist auch eine bequeme und preiswerte Versorgung durch mehrere Cafeterien längst keine Selbstverständlichkeit im politischen Berlin.

Als Fazit bleibt festzuhalten, dass die Arbeit eines Fraktionsreferenten eine abwechslungsreiche und spannende Tätigkeit ist. Wenn man ein entsprechend aufgeschlossenes, kontaktfreudiges Wesen mitbringt, flexibel und belastbar ist, dann kann die Stelle eines Fraktionsmitarbeiters Herausforderung, Erfüllung und Karrieresprungbrett zugleich sein.

Katja Pohlmann
ist seit über drei Jahren Geschäftsführerin der Jungen Gruppe der CDU/CSU-Bundestagsfraktion, einem Zusammenschluss von 25 Unions-Bundestagsabgeordneten unter 35 Jahren. Aufgewachsen in der Prignitz (Brandenburg) studierte sie an der Freien Universität Berlin sowie der University of Pennsylvania „Nordamerikastudien", „BWL" sowie Teilgebiete des Rechts. Parallel zum Studium arbeitete sie von 2000-2001 als studentische Mitarbeiterin in der Marketing-Abteilung der Unternehmensberatung KPMG. Seit 1999 ist Katja Pohlmann Mitglied der Jungen Union sowie der CDU und seitdem in zahlreichen Gremien der Partei tätig, zuletzt von 2003-2005 als stv. Landesvorsitzende der Jungen Union Berlin. Kontakt: katja.pohlmann@cducsu.de

Bundestagsabgeordnetenmitarbeiter

von RA'in Katja-Julia Fischer

Der typische Abgeordnetenmitarbeiter ist ein „Allrounder" bezüglich seiner inhaltlichen als auch organisatorischen Fähigkeiten.

Der Abgeordnete stellt im Rahmen der ihm zur Verfügung stehenden Mitarbeiterpauschale sowohl im Wahlkreisbüro als auch im Berliner Büro Mitarbeiter ein. Es handelt sich um einen privatrechtlichen Arbeitsvertrag, auch wenn die Mittel aus der dafür vorgesehenen Pauschale erbracht werden. Der Mitarbeiter genießt daher nicht die soziale Absicherung bzw. die Kündigungsfristen des öffentlichen Dienstes.

In einem Abgeordnetenbüro bieten sich unterschiedlichste Möglichkeiten der Tätigkeit:

- Schreib- und Bürokraft

- Sekretär/in und Bürosachbearbeiter/in

- Sachbearbeiter/in

- Wissenschaftliche/r Mitarbeiter/in *(hierfür ist ein Hochschul- bzw. Fachhochschulabschluß erforderlich)*

Näher erörtert werden soll hier die Tätigkeit des wissenschaftlichen Mitarbeiters.

Arbeitsspektrum des wissenschaftlichen Mitarbeiters

Der Bewerber sollte sich darauf einstellen, dass je nach Bürobesetzung der wissenschaftliche Mitarbeiter auch mit der Büroorganisation beauftragt werden kann, z. B. Terminplanung, Flugbuchungen, Abrechungen der Reise- und Telekommunikationskosten sowie die Vorbereitung der Fahrten von Besuchergruppen aus dem Wahlkreis nach Berlin und nicht zuletzt die Zusammenstellung der erforderlichen Unterlagen für die Arbeitsgruppen-, Ausschuss- und Fraktionssitzungen.

Zu den inhaltlichen Tätigkeiten zählen die Vorbereitung und Konzeption von Reden, die selbständige Beantwortung von Bürgerbriefen, Recherchen für Einzelthemen, das Verfassen so genannter Sprechzettel sowie das Beschaffen und Aufbereiten von Hintergrundinformationen z. B. für Berichterstattungen des Abgeordneten in Ausschüssen. Auch gehört zu den inhaltlichen Tätigkeiten die Formulierung großer und kleiner Anfragen im Bundestag, jedoch alles auf Weisung und in Absprache mit dem Abgeordneten bzw. der Fraktion. Ebenso ist der wissenschaftliche Mitarbeiter mit der inhaltlichen Vorbereitung von Gesetzesinitiativen befasst.

Der Umfang und der Schwierigkeitsgrad der inhaltlichen Tätigkeit hängen stark von der Position des Abgeordneten und von seinen Arbeitsschwerpunkten ab.

Ein Politiker, der beispielsweise ordentliches Mitglied im Finanzausschuss ist, wird mit anderen Gesetzesentwürfen, Anfragen, einer anderen öffentlichen Wirkung zu tun haben als beispielsweise der „Menschenrechtler". Mit einigen Themen kann man in der Öffentlichkeit immer punkten, mit anderen Themen weniger. Diese Unterschiede der Fachgebiete bestimmen somit auch entscheidend das Tätigkeitsfeld des Abgeordnetenmitarbeiters. Die Verwaltung des Deutschen Bundestages steht mit Rat und Tat den Abgeordneten und damit auch den Mitarbeitern zur Seite. Es können inhaltliche Anfragen an den wissenschaftlichen Dienst gerichtet werden, ein so genanntes Sach- und Sprechregister liefert umfassende Informationen zu Parlamentsvorgängen. Der Sprachendienst kann mit mandatsbezogenen Übersetzungen beauftragt werden. Außerdem kann man auf eine hervorragend ausgestattete Bibliothek zugreifen.

Die wichtigsten Informationsquellen sind die Fachreferate der Fraktionen. So besteht die Möglichkeit, sich schnell und umfassend zu informieren, zu recherchieren und eine optimale Vorbereitung für den Abgeordneten zu leisten.

Ein weiterer Teil der Arbeit besteht aus Repräsentation des Abgeordneten bzw. aus Pressearbeit. Diese ist individuell abhängig von Position und Fachbereich. Abgeordnete, die stark im Lichte der Öffentlichkeit stehen, werden häufig auch von den Pressestellen der Fraktionen im Bundestag betreut und unterstützt. Der bundespolitisch weniger bekannte Abgeordnete wird eher auf Pressearbeit im Wahlkreis achten. Wichtig ist es, dem Bürger vermitteln zu können, dass er in seinen Belangen auf Bundesebene gut vertreten wird, bzw. der „Brückenschlag" zwischen Wahlkreis und Bundespolitik funktioniert.

Die Basis sollte regelmäßig über neue bundespolitische Entscheidungen in klarer, verständlicher Sprache informiert und hinsichtlich wahlkreisrelevanter Aktivitäten des Abgeordneten „auf dem Laufenden" gehalten werden, z. B. Einsatz für den Bau einer Umgehungsstraße im Wahlkreis. Erfolge wie beispielsweise die Eröffnung dieser Umgehungsstraße müssen ebenfalls kommuniziert werden. Demzufolge ist ein guter Kontakt mit der örtlichen Presse erforderlich. Darüber hinaus ist die Pflege der Homepage ein Faktor intensiver Öffentlichkeitsarbeit.

Das Anforderungsprofil der Arbeit im Wahlkreis ist durch ähnliche inhaltliche und organisatorische Flexibilität geprägt, allerdings ohne die Komponente der direkten Vorbereitung der Sitzungen im Bundestag. Dafür ist dort der Kontakt zur Parteibasis wichtiger. Die Bürgerbriefe können dann entweder nach Berlin weitergeleitet werden oder man bedient sich ebenso wie in Berlin der oben genannten Informationsmöglichkeiten.

Voraussetzungen

Die Tätigkeit als wissenschaftlicher Mitarbeiter setzt kein spezielles Studium voraus. Vom Theologen über den Psychologen bis hin zum Juristen sind alle Studiengänge vertreten. Viele Mitarbeiter haben allerdings einen juristischen bzw. politologischen Studienhintergrund.

Viel entscheidender als das Studienfach und dessen Examens- bzw. Diplomnote sind andere Eigenschaften. Zu einer der wichtigsten Eigenschaften gehört das Kommunikationsgeschick. Wenn auch die Mitarbeiter hinter den Kulissen arbeiten, ist die Kommunikation das „A und O". Informationsbeschaffung funktioniert nur, wenn man in der Lage ist, sich verbindlich und deutlich auszudrücken, so dass der Ansprechpartner motiviert ist, sich schnell und effizient für die gewünschten Belange einzusetzen. Weder Arroganz im Auftreten noch Zögerlichkeit befördern den zügigen Informationsfluss.

Teamfähigkeit ist insofern von Bedeutung, weil die Abgeordneten durchaus mehrere Mitarbeiter in ihrem Büro im Wahlkreis und auch Berlin beschäftigen können. Der Abgeordnete entscheidet selbst, wie viele Mitarbeiter er in welchem Umfang beschäftigen möchte. Es kann durchaus in einem Büro zu enger Zusammenarbeit unter Kollegen kommen, insbesondere wenn viele Teilzeitkräfte beschäftigt sind.

Unbedingt erforderlich ist es, in der täglichen Büroarbeit die „Spreu vom Weizen" trennen zu können. Jedes Abgeordnetenbüro wird täglich mit Informationen, Anfragen, Aufforderungen und Anforderungen überhäuft. Es ist wichtig, schnell zu erkennen, welche E-Mails gelöscht werden können, welche Post direkt in die „Rundablage" kann, welche Anrufer persönlichen Kontakt zum Chef haben sollen, welche nicht, über welche Vorgänge informiert man den Chef, welche bearbeitet man in Eigenregie u.s.w.

Aufgrund der engen Zusammenarbeit und Abstimmung zwischen Mitarbeitern und Chef ist es sehr wichtig, dass die „Chemie" stimmt. Für die Wahlkreisarbeit und den Wahlkreiskontakt ist es immer ein Vorteil, wenn man aus der entsprechenden Region stammt, sich daher besser in die örtlichen Probleme einfühlen kann, möglicherweise auch die gleiche Mundart spricht, da Gemeinsamkeiten Vertrauen schaffen. Ähnlich verhält es sich mit der Parteizugehörigkeit. Diese ist kein „Muss", aber sie kann in bestimmter Konstellation von Vorteil sein (bspw. Ortsvereinssitzungen, Besprechung von Wahlkampfstrategien etc.).

Arbeitsvertrag und Sicherheit

Da es sich bei den Arbeitsverträgen um privatrechtliche Verträge handelt, gelten nicht die Kündigungsfristen des öffentlichen Dienstes.

Die drei ersten Beschäftigungsmonate gelten als Probezeit, in der eine Kündigung einen Monat zum Ende des Kalendermonats erfolgen kann. Nach Ablauf der Probezeit gelten Kündigungsfristen von sechs Wochen zum Ende des Kalendervierteljahres. Ist ein Mitarbeiter mehr als 5 Jahre ununterbrochen bei einem oder mehreren Abgeordneten beschäftigt, findet § 622 Abs. II BGB *(verlängerte Kündigungsfrist für den Arbeitgeber mit zunehmender Beschäftigungszeit des Arbeitnehmers)* Anwendung. Scheidet ein Abgeordneter während einer Legislaturperiode aus, endet das Arbeitsverhältnis mit einer Frist von sechs Wochen zum Ablauf des Kalendervierteljahres ungeachtet der Kündigungsfrist für langjährige Mitarbeiter.

In jedem Fall endet der Arbeitsvertrag mit Ablauf der Legislaturperiode, mit dem Zusammentritt des neuen Deutschen Bundestages.

Für wissenschaftliche Mitarbeiter bewegt sich derzeit der monatliche Gehaltsrahmen bei einer Vollzeitstelle zwischen 2.464 - 6.195 €. Innerhalb dieser Unter- und Obergrenzen unterliegt die Gehaltsbestimmung der freien Entscheidung des Abgeordneten.

Perspektiven/Risikofreude

Für viele wissenschaftliche Mitarbeiter stellt sich die Tätigkeit in einem Abgeordnetenbüro als ein berufliches Zwischenziel dar, nicht zuletzt deshalb, weil nie sicher ist, ob der Abgeordnete nach einer Legislaturperiode wieder nominiert und gewählt wird.

Je nachdem, in welchen Themenbereichen der Abgeordnete tätig ist, vergrößert oder verkleinert sich der eigene „Marktwert" durch das erlangte Fachwissen. In jedem Fall sollte man nach Möglichkeit die Fort- und Weiterbildungsangebote des Personalreferates für Mitarbeiter nutzten, um sich Zusatzqualifikationen anzueignen, beispielsweise Seminare zur Pressearbeit, Homepagegestaltung, Verwaltungsaufbau, um nur einige zu nennen.

Die Chance, die wissenschaftliche Mitarbeit als Sprungbrett für eine berufliche Karriere im Bereich Bundestagsverwaltung, Ministerium, Fraktion oder Lobby zu nutzen, hängt von unterschiedlichen Faktoren ab.

Abgesehen von Ausnahmen spielt im Bereich Bundestagsverwaltung und im Ministerium nach wie vor die Examensnoten eine Rolle. Bei Stellenausschreibungen der Bundestagsverwaltung hat der Abgeordnetenmitarbeiter nicht den Status „hausintern", da er nicht Teil der Verwaltung ist. Ebenso verhält es sich mit Ausschreibungen innerhalb der Fraktion. Der Abgeordnetenmitarbeiter bekommt erst dann offiziell die Chance sich zu bewerben, wenn aus Reihen der Bundestagsverwaltung oder Fraktion die Stelle nicht zu besetzen ist. Bewirbt der Mitarbeiter sich dann auf eine Stelle, konkurriert er unter Umständen mit Mitarbeiten anderer Ministerien, die häufig eine bessere Chance haben, da sie beispielsweise von der Fraktion nur auf bestimmte Zeit entliehen werden können.

Die Bildung eigener Netzwerke erhöht die Aussicht, im Bereich der „Lobby-Arbeit" eine Anstellung zu finden. Ob man diese Netzwerke bilden kann, hängt natürlich auch von dem Arbeitsumfeld des Abgeordneten ab und davon, ob dieser solche Kontakte wünscht.

Im Zusammenhang mit der parlamentarischen Arbeit stehen zahlreiche Veranstaltungen von Lobby-Verbänden, von Stiftungen, Parlamentariergruppen, Botschaften, Landesvertretungen etc. Hier können für die tägliche Arbeit interessante Kontakte geknüpft und Informationen gewonnen werden.

Die Möglichkeit, eine adäquate Anstellung nach der Tätigkeit als Abgeordnetenmitarbeiter im politiknahen Umfeld zu finden, hängt somit sehr vom eigenen Kommunikationstalent ab. Es sollte dabei jedoch nicht vergessen werden, dass bei der täglichen Arbeit der Abgeordnete im Mittelpunkt stehen soll und nicht dessen Mitarbeiter. Hieran sollte sich auch die eigene Kontaktpflege orientieren.

Einstiegsmöglichkeiten

Häufig wird man als Abgeordnetenmitarbeiter gefragt, wie man denn an einen so spannenden „Job" gekommen ist.

1. Praktikum

Viele der heutigen Mitarbeiter haben ihren Berufseinstieg mit einem Praktikum im Abgeordnetenbüro, in der Verwaltung des Deutschen Bundestages oder in der Fraktion begonnen und so Kontakt mit ihrem späteren Chef knüpfen können. Gleiches gilt natürlich auch für Rechtsreferendare, die entweder bei der Fraktion oder in der Verwaltung ihre Referendarstation absolvieren.

Die Ableistung eines Praktikums ist ein sinnvoller Einstieg, da Praktikanten sich einen Eindruck über die politische Arbeit verschaffen können. Sie haben die Möglichkeit, an Plenar-, Ausschuss-, Fraktions- und Arbeitsgruppensitzungen teilzunehmen. Sie haben aber auch die Gelegenheit, die Infrastruktur des Bundestages samt Verwaltung und Fraktionen näher kennen zu lernen.

Praktikanten bekommen hautnah mit, wie die Arbeitsergebnisse der Mitarbeiter in der parlamentarischen Arbeit Niederschlag finden.

Einer späteren Bewerbung liegt dann eine, wenn auch kurze, Hauserfahrung zugrunde. Häufig empfehlen die Abgeordneten ihre ehemaligen Praktikanten auch nach deren Studienabschluss an Kollegen weiter, wenn sie selbst keine personellen Vakanzen haben.

Außerdem deutet ein absolviertes Praktikum darauf hin, dass der Bewerber weiß, was auf ihn zukommt. Der Bewerber kann somit seine Motivation „Warum gerade Abgeordnetenmitarbeiter" konkretisieren.

Je kürzer das Praktikum ist, desto oberflächlicher und ungenauer ist selbstverständlich das gewonnene Bild, was auch das Berufsbild zu „rosarot" zeichnen kann.

2. Initiativbewerbung

Fast täglich erreichen Initiativbewerbungen das Abgeordnetenbüro, entweder in herkömmlicher Schriftform oder per E-Mail. Oft geht aus den E-Mails hervor, dass der Bewerber sich willkürlich bei vielen Abgeordneten bewirbt und somit auch seine Bewerbung gewissermaßen beliebig wird. Diese Form der Bewerbung ist nur dann zielführend, wenn in dem angeschriebenen Büro tatsächlich eine Stelle zu vergeben ist. „Wenn schon" Initiativbewerbung, dann natürlich nur dort, wo ein Bezug zu dem Abgeordneten, seiner Partei, seinem Wahlkreis oder seinen Arbeitsschwerpunkten hergestellt werden kann.

3. Parteiarbeit vor Ort im Wahlkreis

Auch die Parteiarbeit vor Ort oder andere Initiativen, auf die der Abgeordnete aufmerksam wird, können hilfreich sein, um einen ersten Kontakt zu knüpfen.

Fazit

Die Arbeit als wissenschaftlicher Abgeordnetenmitarbeiter ist eine spannende, abwechslungsreiche Tätigkeit, geprägt von großer Flexibilität sowohl im Aufgabenspektrum als auch im Aufgabenpensum. Kommunikationsfreudigkeit und Anpassungsfähigkeit an die Person des Abgeordneten sind Grundvoraussetzungen für eine Mitarbeit. Im Vordergrund steht der Abgeordnete, der sich auf die Zuverlässigkeit und Loyalität seiner Mitarbeiter verlassen können muss. Bei allen positiven Aspekten sollte jedoch ein berufliches Fernziel im Auge behalten werden.

Katja-Julia Fischer
ist seit 1998 Büroleiterin des Bundestagsabgeordneten Volker Neumann (SPD).
Studium der Rechtswissenschaften in Bonn, seit 1997 Rechtsanwältin.
Kontakt: volker.neumann@bundestag.de

Die Rolle des Ministerialbeamten in der Politikberatung

von Dr. Hendrik Luchtmeier

„[...] bietet die Bürokratisierung das Optimum an Möglichkeit für die Durchführung des Prinzips der Arbeitszerlegung in der Verwaltung nach rein sachlichen Gesichtspunkten, unter Verteilung der einzelnen Arbeiten auf spezialistisch abgerichtete und in fortwährender Übung immer weiter sich einschulende Funktionäre. ‚Sachliche' Erledigung bedeutet in diesem Fall in erster Linie Erledigung ohne ‚Ansehen der Person' nach berechenbaren Regeln." (Max Weber 1947:661)

Ein Bundesministerium entspricht grundsätzlich der Definition einer Bürokratie nach Max Weber. Zwar erscheint das obige Zitat – welches ursprünglich bereits aus dem Jahre 1922 stammt – in seiner Wortwahl heute antiquiert. Auch wird die Bürokratie mittlerweile nicht mehr uneingeschränkt positiv gesehen, wie dies bei Weber der Fall ist. Vielmehr ist die Einstellung zur Bürokratie heute relativ distanziert, was sich beispielsweise darin zeigt, dass der Begriff „Entbürokratisierung" ein positiv besetzter Begriff geworden ist. Heute wird der Bürokratie oft ein Eigeninteresse unterstellt, welches durch die Ökonomische Theorie der Bürokratie (z. B. Blankart 1998: Kap. 23) analysiert wurde und vor allem auf den Versuch einer Budgetmaximierung durch jede Organisationseinheit hinausläuft. Trotzdem erfasst das Weber-Zitat noch heute die zentralen Vorteile einer Bürokratie, welche vor allem eine starke Arbeitsteilung sowie der Ausschluss von Willkür sind.

Die Beratung in den Ministerien unterscheidet sich von der Beratung in der Wissenschaft vor allem dadurch, dass sie intern und nicht über die Öffentlichkeit abläuft. Gegenüber der Beratung durch Parteien oder Interessenvertreter unterscheidet sich die Ministeriumsberatung unter anderem dadurch, dass unterschiedlichste Positionen gegeneinander abgewogen werden müssen, um ein Gesamtinteresse (im Sinne des Gemeinwohls) zu identifizieren. Dabei darf das Gemeinwohl nicht immer als reiner Kompromiss zwischen den artikulierten Gruppeninteressen verstanden werden. Denn einige Interessen sind möglicherweise diffus und können aus diesem Grund weniger klar vertreten werden als andere. Dadurch besteht die Gefahr, dass sich ein Minister für Gruppeninteressen einsetzt und das Gesamtinteresse aus den Augen verliert. Donges und Freytag (2001:23) nennen als Beispiele hierfür gruppenspezifische Subventionen und Regulierungen, Sozialtransfers oder die Importprotektion einzelner Wirtschaftsbereiche. Die Arbeit eines Ministerialbeamten beschränkt sich jedoch nicht alleine auf die interne Politikerberatung. Zu seinen Zuständigkeiten gehört auch die Koordinierung anderer Formen der Politikberatung. Er besitzt somit auch eine wichtige Mittler-Funktion zwischen unterschiedlichen politikberatenden Institutionen wie Forschungsinstituten, Verbänden oder Gewerkschaften. Er selbst vertritt dabei die Position der gewählten Bundesregierung.

Das Ziel des folgenden Artikels ist es, das große Spektrum an unterschiedlichen Formen der Politikberatung in einem Bundesministerium aufzuzeigen und auf die Rolle des Ministerialbeamten näher einzugehen. Der Artikel beginnt mit einer kurzen Beschreibung des Aufbaus eines Bundesministeriums. Aufgrund der persönlichen Erfahrung des Autors wird dabei die Perspektive eines Ministeriumsmitarbeiters mit einer einjährigen Zugehörigkeit zur Grundsatzabteilung des Bundesministeriums für Wirtschaft und Arbeit (BMWA) gewählt. Im zweiten Abschnitt folgt eine Darstellung des idealtypischen Entscheidungsprozesses in einem Bundesministerium und der Rolle des Ministerialbeamten in diesem Prozess. Anschließend werden im dritten Abschnitt konkrete Formen der Politikberatung im BMWA beschrieben. Dabei wird insbesondere auf das Spannungsverhältnis zwischen interner und externer Beratung eingegangen. Aus diesen Einsichten sollen im vorletzten Abschnitt die persönlichen Anforderungen an einen Ministerialbeamten abgeleitet werden, bevor dann im letzten Teil der Einstieg in den höheren Dienst des BMWA erläutert wird.

Der Aufbau eines Ministeriums am Beispiel des Bundesministeriums für Wirtschaft und Arbeit

Das Bundesministerium für Wirtschaft und Arbeit beschäftigt insgesamt 1805 Mitarbeiter, von denen 58 Prozent ihren Arbeitsplatz in Berlin haben und die restlichen in Bonn. 55 Prozent der Beschäftigten sind Beamte, wovon 55 Prozent im Höheren Dienst als Referenten, Referatsleiter, Unterabteilungsleiter, Abteilungsleiter oder beamtete Staatssekretäre tätig sind. Der Frauenanteil im Höheren Dienst beträgt 30 Prozent, bei den jüngeren Mitarbeitern ist etwas über die Hälfte weiblichen Geschlechts.

Die einzelnen Mitarbeiter sind in sehr unterschiedlichem Ausmaß in die Politikberatung eingebunden, je nachdem in welchem Referat und in welcher Abteilung sie beschäftigt sind. Das Bundesministerium für Wirtschaft und Arbeit gliedert sich in zwölf Fachabteilungen. Diese bestehen jeweils aus zwei bis vier Unterabteilungen, die sich wiederum aus fünf bis acht Referaten zusammensetzen. Das Referat bildet die kleinste organisatorische Einheit im Ministerium. Es besteht durchschnittlich aus rund sieben Mitarbeitern und setzt sich gewöhnlich aus einem Referatsleiter, zwei bis vier Referenten (auch unterschiedlicher Fachrichtungen), zwei Sachbearbeitern (gehobener Dienst) und einem Bürosachbearbeiter (mittlerer Dienst) zusammen.

Grundsätzlich existieren im Bundesministerium für Wirtschaft und Arbeit drei verschieden Referats-Typen. Der erste Typus ist das koordinierende Referat, welches jedoch zahlenmäßig eine Minderheit darstellt. Hier laufen Arbeitsprozesse zusammen und werden Abstimmungsprozesse organisiert. Ein Beispiel sind die Grundsatzreferate der jeweiligen Abteilungen. Ein weiteres Beispiel sind Spiegelreferate, welche über die Arbeit in anderen Ministerien informieren. Den zweiten Typus bilden Analyse-Referate. Sie sind meistens empirisch orientiert, pflegen umfangreiche Datenbanken und können relativ zeitnah Informationen über aktuelle Entwicklungen auf wissenschaftlichem Niveau zusammenstellen. Ein Beispiel hierfür sind die Referate, welche mit der Konjunkturanalyse beschäftigt sind oder Entwicklungen auf dem Arbeitsmarkt beobachten. Dem dritten Typus gehört die Mehrheit der Referate an. Diese sind mehr mit der Umsetzung von Entscheidungen beschäftigt und oft auch in den Gesetzgebungsprozess eingebunden.

Idealtypischer Entscheidungsprozess in einem Ministerium

Einem Bundesminister – zusammen mit seiner politischen Führung – steht zur Umsetzung seiner Politik eine einzigartige Vielfalt von Informationen und Kontakten zur Verfügung. Zwar besitzt ein Minister bereits eine Vielzahl von direkten Kontakten zu Bürgern, Wissenschaftlern und Interessengruppen aus der Zeit, bevor er Minister wurde. Auch ist er in ein Netzwerk von politischen Kontakten eingebunden, welches ihn mit notwendigen Informationen versorgt, damit er sein Amt ausführen kann. Mit einem Bundesministerium erhält er jedoch den wohl größten Informationsproduzenten, den es in Deutschland für seinen Geschäftsbereich gibt. Das Wissen der Ministerialbeamten und ihre umfangreichen Kontakte haben zudem den Vorteil, dass sie systematisiert sind. Sie richten sich an einem Geschäftsverteilungsplan aus, in dem allen organisatorischen Einheiten eines Ministeriums genaue Aufgaben zugeordnet werden. Dadurch decken die Kontakte der Ministerialbürokratie den gesamten Geschäftsbereich ab.

Im idealtypischen Fall erkennt die politische Führung eines Ministeriums eine bevorstehende Entscheidungssituation frühzeitig und fordert auf dem Dienstweg von ihrer Ministerialbürokratie genaue Informationen an. Die Informationen werden zusammengetragen und auf dem Dienstweg nach oben der politischen Führung vorgelegt. Auf dieser Grundlage wird eine Entscheidung getroffen, welche dann der „Arbeitsebene" des Ministeriums auf dem Dienstweg nach unten wieder zukommt. Dem Entscheidungsprozess schließt sich die Umsetzung des Beschlossenen an.

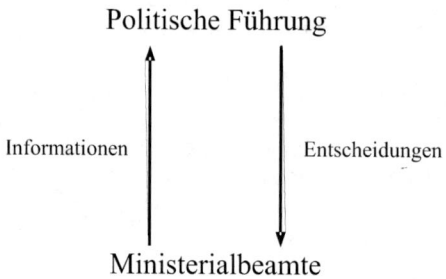

Abbildung 1: Idealtypischer Entscheidungsprozess in einem Ministerium

Natürlich ist dieser idealtypische Entscheidungsprozess für die Realität zu einfach. Denn Informationen und Entscheidung können nicht immer strikt von einander getrennt werden. So können die Ministerialbeamten auch von sich aus Initiativen auf den Dienstweg geben. Dies ist auch erwünscht, um die politische Führung auf Entscheidungsnotwendigkei-ten hinzuweisen. Insbesondere wenn die Mitglieder der politischen Führung noch nicht lange im Amt sind, sind sie in besonderem Maße auf das „Mitdenken der Arbeitsebene" angewiesen. Auch wird vom Ministerialbeamten verlangt, dass er nicht eine rein deskriptive Informationssammlung vorlegt, sondern auch eine Bewertung des Sachverhaltes. Dieses kann beispielsweise in Form alternativer Entscheidungsoptionen mit einer Einschätzung der jeweiligen Konsequenzen erfolgen. Auf diese Art nehmen die Informationen des Ministerialbeamten an seine politische Führung Einfluss auf Entscheidungen.

Der Ministerialbeamte zwischen interner und öffentlicher Beratung

Eine der wichtigsten Ressourcen eines Bundesministeriums wie dem BMWA sind die Kontakte der Ministerialbeamten zu den unterschiedlichsten Institutionen des Wirtschaftslebens. Den Ministerialbeamten kommt oft die wichtige Rolle eines Mittlers zwischen Wirtschaftspolitik, Wissenschaft und Interessengruppen zu. Zwar hat sich der Gestaltungsspielraum für die deutsche Politik auf nationaler Ebene durch Globalisierung, EU-Integration und Föderalismus teilweise verengt. Mit diesen Entwicklungen sind jedoch auch zusätzliche Einflussmöglichkeiten eines Bundesministeriums entstanden. So kann ein Minister immer noch entscheidenden Einfluss auf die wirtschaftlichen Institutionen nehmen, wenn er es versteht, die Vielfalt an Kontakten in seinem Ministerium zu nutzen. Die folgende Abbildung soll die zentrale Rolle verdeutlichen, welche der Ministerialbeamte bei der Informationsbeschaffung einnimmt. Die hier aufgeführten Kontakte können dabei nur beispielhaft sein.

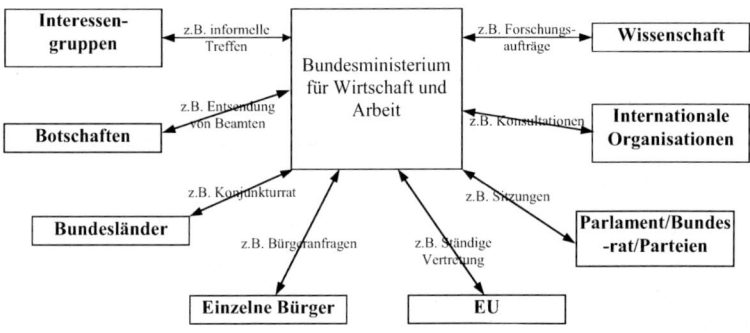

Abbildung 2: Informationsflüsse am Beispiel des BMWA

Ein Minister hat die unterschiedlichsten Beratungsformen zur Verfügung. Diese unterscheiden sich vor allem danach, ob die Ergebnisse der Beratung öffentlich sind oder nicht. Am schnellsten verfügbar ist die Beratung durch die eigenen Mitarbeiter. Es werden sowohl regelmäßige Analysen zu wichtigen Themen angefertigt (z. B. Konjunktur, Entwicklung wichtiger Wirtschaftssektoren und wichtiger Handelspartner) als auch ad-hoc-Analysen zu praktisch jedem aktuellen Thema. Diese Analysen sind hausintern und nicht für die Öffentlichkeit gedacht. Auch geben sie nicht die abgestimmte Position der Bundesregierung wieder.

Eine zusätzliche Möglichkeit der Politikerberatung besteht in der Form von Einzelgutachten, welche in den meisten Fällen im Auftrag des BMWA von Forschungsinstituten angefertigt werden. Der Beratungsgegenstand wird direkt vom Ministerium festgelegt und der Auftrag wird im Regelfall öffentlich ausgeschrieben. Auch die Qualitätsprüfung führt das Ministerium selbst durch. Dabei werden mehrmals von allen beteiligten Referaten Stellungnahmen zum Stand des Forschungsprojekts eingefordert. Da die Ergebnisse der Einzelgutachten in der Regel veröffentlicht werden, besitzen diese eine gewisse öffentliche Wirkung.

Institutionalisierte Gutachten besitzen eine stärkere öffentliche Aufmerksamkeit, weil sie ihren festen Platz im Kalender der Medien haben. Ein Beispiel hierfür bietet die Gemeinschaftsdiagnose der sechs größten deutschen Wirtschaftsforschungsinstitute (GD). Die Institute besitzen die Möglichkeit, die Ergebnisse ihres Gutachtens in der Bundespressekonferenz darzustellen. Die GD dient als wichtige Grundlage für die jeweilige Projektion der wirtschaftlichen Entwicklung in Deutschland, welche durch das BMWA erstellt wird und Basisannahmen für den nächsten Haushalt setzt. Die Institute sind in ihrer Meinung vollkommen frei, allerdings hat das BMWA die Möglichkeit, den Instituten ein Schwerpunktthema vorzugeben.

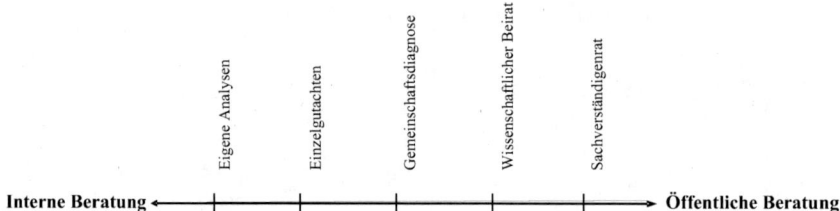

Abbildung 3: Interne versus öffentliche Beratung in der Wirtschaftspolitik

Über die Auftragsforschung hinaus besitzen einige Ministerialbeamte Aufgaben im Management von Politikberatungsprozessen. Diese Aufgaben beschränken sich in erster Linie auf Organisatorisches. Der Wissenschaftliche Beirat äußert sich gutachterlich zu Einzelfragen der Wirtschaftspolitik. Die Themen werden in der Regel im Beirat selbst gewählt, häufig aus aktuellem Anlass. Da seine Mitglieder auf Lebenszeit gewählt sind, besitzen sie eine hohe Unabhängigkeit. Eine besonders herausgehobene Stellung in der öffentlichen Beratung besitzt zudem der Sachverständigenrat zur Begutachtung der gesamtwirtschaftlichen Entwicklung (SVR). Dieser legt der Öffentlichkeit jedes Jahr ein umfangreiches Gutachten zu den wichtigsten wirtschaftlichen Entwicklungen vor, zu dem die Bundesregierung im Jahreswirtschaftsbericht öffentlich Stellung beziehen muss. Die Bundesregierung besitzt im Gegenzug die Möglichkeit den SVR um ein Spezialgutachten zu bitten. Aktuelles Beispiel ist ein Gutachten zur Reform der Unternehmenssteuern.

Deutschland besitzt ein transparentes politisches System und die Presse spielt bei der öffentlichen Politikberatung in Deutschland eine zentrale Rolle. Als Ausdruck der Transparenz kann beispielsweise die Bundespressekonferenz gesehen werden. Schaut man auf andere Demokratien in der Welt, in denen sich die Regierungen oft nur den Fragen ausgewählter Journalisten stellen, wird klar, dass die Presse in Deutschland insgesamt sehr gute Informationsmöglichkeiten besitzt. Die hohe Transparenz des politischen Systems in Deutschland verlangt von den Beteiligten Verantwortungsbewusstsein. Die Presse steht in der Verantwortung nicht jede Information für Schlagzeilen zu nutzen, weil dies zu einer Fixierung der Öffentlichkeit auf kurzfristige Ereignisse führt.

Persönliche Anforderungen

Für den Ministerialbeamten bedeutet die hohe Transparenz des politischen Prozesses in Deutschland eine besondere Verpflichtung zur Verschwiegenheit *„über die ihm bei seiner amtlichen Tätigkeit bekannt gewordenen Angelegenheiten"* (Bundesbeamtengesetz §61). Kritik an einzelnen Maßnahmen der Bundesregierung sollte nur intern geäußert werden, Pressekontakte sollten möglichst nur über das Pressereferat laufen und interne Analysen sollten nicht nach außen gegeben werden (BBG, §63). Ohne die notwendige Diskretion der eigenen Beamten ist ein Minister gezwungen, den Informationsfluss im Ministerium zu kanalisieren. Mit steigendem Vertrauen innerhalb eines Ministeriums erhöht sich logischerweise die Anzahl der Mitarbeiter, welche in wichtige politische Entscheidungsprozesse einbezogen werden. Ihre Kenntnisse und Erfahrungen finden Berücksichtigung. Einzelmeinungen werden frei geäußert, ohne dass sie an die Öffentlichkeit gelangen und ein uneinheitliches Bild von der Regierungspolitik vermitteln. Für eine gute Politik ist es notwendig, dass sich ein Minister auf möglichst umfassende Kenntnisse und Erfahrungen stützen kann. Die Loyalität zu seinem obersten Dienstherrn darf für einen Ministerialbeamten daher keine Frage der Zugehörigkeit zu einer Partei sein. Im Bundesbeamtengesetz heißt es: *„Der Beamte hat bei politischer Betätigung diejenige Mäßigung und Zurückhaltung zu wahren, die sich aus seiner Stellung gegenüber der Gesamtheit und aus der Rücksicht auf die Pflichten seines Amtes ergeben."* Im Gegenzug können loyale Ministerialbeamte von ihrem obersten Dienstherren erwarten, dass ihre Kenntnisse, Erfahrungen und ihr Engagement nicht brach liegen und entwertet werden, sondern in den politischen Entscheidungsprozess eingebracht werden.

Neben Loyalität muss der einzelne Ministerialbeamte weitere Anforderungen erfüllen, um im Ministerium auf seiner Stelle „funktionsfähig" zu sein. Da im politischen Abstimmungsprozess zwischen Referaten, Unterabteilungen, Abteilungen, Ministerien und auf EU-Ebene viele unterschiedliche Positionen im Spiel sind, ist oft Pragmatismus gefragt, damit keine Grabenkämpfe um einzelne Positionen geführt werden. Eine besondere Anforderung gegenüber dem Ministerialbeamten besteht auch in Hinblick auf seine Kontakt- und Konfliktfähigkeit. Da die Fluktuation der Mitarbeiter in einem Ministerium geringer ist als in privaten Unternehmen, ist es für seine Funktionsfähigkeit des Ministeriums auf Dauer sehr wichtig, dass das persönliche Klima durch Differenzen in der Sache nicht gestört wird.

Der Ministerialbeamte trifft selten selbst Entscheidungen, weil diese meist auf der politischen Ebene des Ministeriums getroffen werden. Dadurch verspürt er seltener die Genugtuung eines direkten Einflusses. Als Gegenleistung darf der Ministerialbeamte bei wichtigen Entscheidungen mitwirken und sein indirekter Einfluss sollte nicht unterschätzt werden. Seine Meinung ist gefragt und er sollte diese Meinung und das hierfür notwendige Wissen pflegen, denn oft sitzen die Experten für Detailfragen als

Referenten auf der „Arbeitsebene". Insofern befindet sich ein Ministerialbeamter immer in einem besonderen Spannungsverhältnis, weil von ihm einerseits eine Einordnung in die Hierarchie des Ministeriums verlangt wird. Andererseits verlangt seine Tätigkeit auch eine starke Identifikation mit seiner Arbeit und ein frisches Interesse am Fach. So heißt es im Bundesbeamtengesetz (§54): *„Der Beamte hat sich mit voller Hingabe seinem Beruf zu widmen. Er hat sein Amt uneigennützig nach bestem Gewissen zu verwalten. Sein Verhalten innerhalb und außerhalb des Dienstes muss der Achtung und dem Vertrauen gerecht werden, die sein Beruf erfordert."*

Die Mitarbeiter des Ministeriums werden im Laufe ihrer Entwicklung abteilungsübergreifend in verschiedenen Fachbereichen eingesetzt. Weiterhin besteht die Möglichkeit einer zeitlich befristeten Verwendung außerhalb des Bundesministeriums im In- und Ausland (z. B. bei der Europäischen Kommission, in internationalen Organisationen, im Wirtschaftsdienst deutscher Botschaften bzw. Ständigen Vertretungen bei Internationalen Organisationen oder in Auslandshandelskammern). Ein Interesse an wechselnden Tätigkeiten und am internationalen Austausch sollte der Mitarbeiter daher mitbringen.

Wie werde ich Ministerialbeamter?

Als Nachwuchskräfte für den höheren Dienst werden im BMWA vorwiegend Wirtschaftswissenschaftler (Diplom-Volkswirte, Diplom-Kaufleute, Diplom-Ökonomen, Diplom-Wirtschaftsingenieure) und Juristen eingestellt. Für gewisse Aufgabenstellungen sind in geringem Umfang auch Mitarbeiter anderer Fachrichtungen gefragt. Bewerber müssen ein absolviertes wissenschaftliches Hochschulstudium mit einer vorgeschriebenen Mindest- oder Regelstudienzeit von nicht weniger als drei Jahren vorweisen können. Der Hochschulabschluss (oder die Staatsprüfung) muss ein überdurchschnittliches Ergebnis aufweisen (bei Juristen/Innen stets beide Staatsexamen mindestens mit Prädikat „befriedigend" und bei anderen Hochschulabschlüssen mindestens mit Prädikat „gut").

Weiterhin ist eine möglichst dreijährige praktische Berufserfahrung nach dem Examen in dem studierten Fachgebiet erwünscht. Bei Juristen wird dieses Erfordernis durch die Referendarzeit erfüllt. Auch eine berufsbezogene Auslandserfahrung für einen zusammenhängenden Zeitraum von mindestens sechs Monaten sollte vorhanden sein, sowie sehr gute Sprachkenntnisse in Englisch und einer weiteren Fremdsprache. Das Einstiegslebensalter sollte nicht über 32 Jahren liegen. Hier sind jedoch Ausnahmen möglich.

Die persönliche Qualifikation für eine Tätigkeit im BMWA wird mit Hilfe eines zweistufigen Auswahlverfahrens (Einzelvorstellungsgespräche, Gruppengespräche und -diskussionen) ermittelt. Eine Vorauswahl hierfür wird aufgrund der von den Bewerbern eingereichten schriftlichen Unterlagen (Lebenslauf, Zeugnisse) getroffen.

Das BMWA kennt keine festen Einstellungstermine. Sämtliche Bewerbungen, die dem Ministerium zugehen (aufgrund von Anzeigen in überregionalen Tageszeitungen oder Fachzeitschriften, Stellenausschreibungen, Vermittlungen der Arbeitsverwaltung sowie Initiativbewerbungen zugesandte Unterlagen) werden zunächst einer Vorauswahl unterzogen. Ein engerer Kreis von Bewerbern wird je nach Bedarf an neuen Mitarbeiterinnen und Mitarbeitern nach Fachrichtungen getrennt zu verschiedenen Zeitpunkten im Lauf eines Jahres zu einem mündlichen Auswahlverfahren eingeladen.

Das BMWA strebt grundsätzlich die Übernahme neuer Mitarbeiter in das Beamtenverhältnis (Regierungsrat z.A., Besoldungsgruppe A 13) an, die jedoch vom Vorliegen rechtlicher Voraussetzungen abhängig ist. Bei Juristen sind diese Voraussetzungen nach bestandenem 2. juristischen Staatsexamen grundsätzlich gegeben, bei Wirtschaftswissenschaftlern ist eine mindestens 2 1/2 jährige hauptberufliche Tätigkeit nach dem Examen nachzuweisen. Sofern die Voraussetzungen für eine unmittelbare Einstellung im Beamtenverhältnis noch nicht gegeben sind, erfolgt die Einstellung zunächst im Angestelltenverhältnis. Die tarifliche Eingruppierung richtet sich dabei nach den Tätigkeitsmerkmalen des Bundesangestelltentarifvertrages (BAT). In der Regel wird dies die Vergütungsgruppe IIa BAT sein.

In den ersten Jahren ihrer Hauszugehörigkeit erhalten die neu eingestellten Mitarbeiter Gelegenheit, über ihre konkreten Aufgaben in den jeweiligen Referaten hinaus die Einrichtungen, Aufgaben und handelnden Personen des Ministeriums und seines Geschäftsbereichs kennen zu lernen. Die vielfältigen Veranstaltungen des Nachwuchskreises in Form von Vortrags- und Diskussionsnachmittagen, Klausurtagungen und Informationsreisen werden dabei unter starker Eigenbeteiligung der Mitglieder geplant und durchgeführt. Unter den Bundesministerien ist das BMWA das erste Ressort, das dieses Instrument zur intensiven Betreuung und Förderung der neu eingestellten Mitarbeiterinnen und Mitarbeiter einsetzt.

Die Mitarbeiter des Personalreferates des BMWA sind bereit, über weitergehenden Fragen der Bewerbung, des Auswahlverfahrens und der Tätigkeit im Ministerium auch persönlich zu beraten. Interessierte Bewerber senden ihre Bewerbungsunterlagen (tabellarischer Lebenslauf, Lichtbild, Kopien des Reifezeugnisses, der Zeugnisse über die erste und zweite Staatsprüfung bzw. das Diplomzeugnis sowie der Zeugnisse bisheriger Arbeitgeber bzw. bei Juristen auch die Stationszeugnisse in der Referendarausbildung) an folgende Anschrift:

Bundesministerium für Wirtschaft und Arbeit
- Personalreferat -
11019 Berlin

Anmerkungen & Literatur

Diese Arbeit gibt nicht die Auffassung der Bundesregierung oder des Bundesministeriums für Wirtschaft und Arbeit wieder. Vielmehr liegt die inhaltliche Verantwortung beim Verfasser. Allerdings dürfte es bei diesem Begriff vor allem um den Abbau bürokratischer Verkrustungen gehen und weniger um die Effizienz der Bürokratie an sich. Die Abteilung I des BMWA, welche oft als das ordnungspolitische Gewissen der deutschen Wirtschaftspolitik bezeichnet wird, ist an den wichtigsten Abstimmungsprozessen beteiligt. Die Abteilung unterscheidet sich von den anderen Abteilungen des Ministeriums unter anderem dadurch, dass hier vor allem Ökonomen beschäftigt sind.

Diesem eingetragenen Verein gehören circa 900 deutsche Journalisten an, welche als Berlin-Korrespondenten für Tageszeitungen, Wochenzeitungen, Nachrichtenagenturen, Rundfunk- und Fernsehanstalten oder elektronische Medien berichten. Es werden regelmäßige Pressekonferenzen veranstaltet, um den Mitgliedern die Möglichkeit einer umfassenden Unterrichtung der Öffentlichkeit zu geben. So gibt es beispielsweise dreimal wöchentlich montags, mittwochs und freitags Pressekonferenzen mit den Sprechern der Bundesregierung und den Sprechern der 14 Bundesministerien. Die Ministeriums-Sprecher berichten aus ihren Ressorts und stehen anschließend für Fragen von Journalisten zur Verfügung.

So tragen neue Informationsmöglichkeiten zur Transparenz des politischen Entscheidungsprozesses bei. Beispielsweise kann sich jeder Bürger mit einem Internetanschluss einen detaillierten Organisationsplan von den Internetseiten der jeweiligen Ministerien besorgen, auf denen die Telefonnummern jedes Referatsleiters verzeichnet sind. Auch für Externe ist der Zugang zu den Mitarbeitern der Ministerien relativ einfach. So werden beispielsweise in den meisten Bundesministerien regelmäßig Referendare und Praktikanten beschäftigt.

Beim Verfassen dieses Artikels beherrschten beispielsweise kurzfristige Ereignisse wie die statistischen Effekte der Arbeitsmarktreformen oder die Krise beim Autohersteller Opel die öffentliche wirtschaftspolitische Diskussion und drängten dadurch langfristige Themen wie den demografischen Wandel oder die Anpassungsprozesse innerhalb des Euroraums in den Hintergrund.

Dr. Hendrik Luchtmeier

ist seit 2004 Referent in der Grundsatzabteilung des Bundesministeriums für Wirtschaft und Arbeit. Er promovierte zum Dr. rer. oec. an der Technischen Universität Berlin im Jahre 2004 über „Dollarisierung und Euroisierung" (erschienen bei Duncker&Humblot). Zwischen 1998 und 2004 arbeitete er als Wissenschaftlicher Mitarbeiter an der TU Berlin und war Mitglied im Fakultätsrat und im Akademischen Senat für die Fraktion der „Unabhängigen". Ein Forschungsaufenthalt führte ihn an das Center for European Studies der Harvard Universität. Hendrik Luchtmeier besitzt ein Diplom in Volkswirtschaftslehre von der Freien Universität Berlin. Während dieser Zeit machte er Praktika beim Niedersächsischen Landtag, der Hannoverschen Allgemeine Zeitung, der Hannover Rück und am Deutschen Institut für Wirtschaftsforschung und arbeitete ehrenamtlich für AIESEC und das Deutsche Youth for Understanding Komitee.
Kontakt: hendrik.luchtmeier@bmwa.bund.de

Ein Heureka in Hellblau

von Sebastian Gehrold

Ein Grußwort für die Einweihung einer Gedenktafel der Häftlinge des 20. Juli im KZ Sachsenhausen, eine Rede für die Graduierungsfeier einer privaten Hochschule in Berlin – muss man sich so die politische Beratung an der Spitze eines Ministeriums vorstellen? Ja, einerseits –andererseits gibt es die Gespräche im kleinen Kreis mit dem Minister, die Berichte aus dem Kabinett oder Gespräche mit landes- und bundespolitischen Größen. Schließlich die unbestimmt formulierten Aufträge, die viel Raum für eigene Ideen lassen: „Wir müssten mal was machen zu..." oder: „Machen Sie sich doch einmal Gedanken über...".

Solche Ausarbeitungen hat mein Minister am liebsten gleich schriftlich, nur im Notfall eine Seite übersteigend und stets sauber eingelegt in eine freundlich-hellblaue Vorgangsmappe mit der vertrauenerweckenden Aufschrift „Ministerium des Innern des Landes Brandenburg". Der Alltag des Mitarbeiters eines Ministerbüros ist gleichwohl intensiv und vielfältig, praktisch nie langweilig und schon gar nicht öde. Der Tagesablauf wird bestimmt durch die Routine von Terminvorbereitungen und die kribbelnde Nähe zu dem, was von außen wie die „große Politik" scheint. Vor allem aber wird er definiert durch den Minister.

Ein Minister ist ein Minister ist ein Minister (nach Gertrude Stein)

So jovial die Arbeitsatmosphäre unter den Mitarbeitern eines Ministerbüros auch sein mag (vermutlich entspannter als in manchem Fachreferat), so klar definiert ist zugleich die Rolle des Ministers: Das gesamte Büro ist auf ihn ausgerichtet, sein Terminkalender bestimmt den der Mitarbeiter, seine plötzlichen Ideen werfen bereits erarbeitete Konzepte und Terminpläne um und setzen unmittelbar neue. Kommt der Minister ins Büro und fällt die schwere Sicherheitstür zum Ministerflur krachend hinter ihm ins Schloss, geht ein Ruck durch jeden einzelnen Mitarbeiter.

Diese direkte Zuordnung zu einer Person bestimmt die Arbeitsweise, die thematische Ausrichtung und nicht zuletzt das eigene Identifikationspotential mit der Tätigkeit. Inhaltliche Nähe und ein Mindestmaß an Sympathie sind unabdingbar, um die Aufgabe zu beiderseitiger Zufriedenheit zu erledigen.

Bei allem Privileg, eine solche Tätigkeit ausüben zu dürfen, sollte sich deshalb jeder gut überlegen, für wen er arbeiten möchte und spätestens nach dem Vorstellungsgespräch das erhoffte Prestige des erstrebten Jobs gegen jahrelange Probleme abwägen, die der Diener eines ungeliebten Herrn erdulden muss. Dabei geht es nicht so sehr um handfeste Schwierigkeiten in der Zusammenarbeit mit dem Chef als vielmehr um den Mangel an Begeisterung für die Sache und den Vorgesetzten, welche im Idealfall die Nachteile eines jeden Jobs vergessen machen.

Obwohl es eine Binsenweisheit ist: Ohne ein offenes und vertrauensvolles Verhältnis kann es nicht klappen.

„Arbeitsplatzbeschreibung"

Mit diesem personalwirtschaftlichen Begriff ist nicht etwa die Ausstattung des Büros oder etwa eine Anfahrtskizze gemeint. Die „Arbeitsplatzbeschreibung" regelt den bzw. die Aufgabenbereiche eines Mitarbeiters im öffentlichen Dienst. „Grundsatzreferent" im Ministerbüro zu sein, bedeutet dabei im Grundsatz eine Allzuständigkeit; schließlich lässt sich jedes Thema auf grundsätzliche Fragen reduzieren. So bildet die Befassung mit ressortfremden Themen einen wesentlichen Teil der Aufgabe.

Die Arbeit für einen auch auf Bundesebene ausgesprochen regen Landesminister ist entsprechend vielfältig. Grundsätzlich gilt: Arbeit, die ein Fachreferat leisten kann, wird auch dort geleistet. Doch obwohl die Grundsätze der Ausländer- und Integrationspolitik natürlich in den Politikbereich eines Innenministers fallen, müssen Ausarbeitungen, Gastbeiträge oder Reden zu diesem Thema im Ministerbüro entstehen. Und selbst mancher Text „aus dem Haus" muss noch stilistisch auf- oder umgearbeitet werden, um das Behördendeutsch auszubügeln und ihn dem Duktus des Ministers anzupassen.

Freude an der Sprache und die auch unter Hochschulabsolventen längst nicht mehr selbstverständliche Fähigkeit, stilsicher korrektes Deutsch formulieren zu können, sind dafür unerlässlich. Hinzu tritt die Fertigkeit, komplizierte, auch juristische, Sachverhalte schnell erfassen und komprimiert übersetzen zu können.

Recherche, Analyse und politische Bewertung jeglicher Sachverhalte gehört zum täglichen Brot. Dabei kann es um die inhaltliche Vorbereitung von Ministerterminen, um eine Hintergrundinformation oder im Einzelfall auch um Presseanfragen gehen. Gelegentlich sind auch die klassischen Aufgaben eines persönlichen Referenten zu übernehmen: Vorbereitung von und Begleitung bei Terminen, Gesprächsnotizen und Korrespondenz aller Art.

Und die „Beratung"?

Ja, auch diese findet statt, zumeist als persönliches Gespräch, als Meinungsaustausch im kleinen Kreis, als Einschätzung und Bewertung politischer Zusammenhänge. Ein guter Politiker hört dabei viel zu. Ein guter Mitarbeiter weiß, seine eigenen Fähigkeiten einzuschätzen und seine Beiträge entsprechend zu dosieren. Nicht zu jedem Thema weiß man mehr als ein erfahrener Landespolitiker, aber das eigene Gespür sowie die Möglichkeit, Zusammenhänge ausführlich zu recherchieren und sich intensiv in ein Thema einzulesen, ermöglicht Beratung des Ministers im engeren Sinne.

Die Einschätzung der Priorität von Vorgängen, deren öffentlicher Wirkung und der Durchsetzbarkeit etwaiger eigener Aktivitäten spielen dabei eine besondere Rolle. Die aufmerksame Lektüre der veröffentlichten Meinung ist dabei ebenso wichtig wie die Erdung an den Normalbürger, der nicht täglich zwischen 60 und 100 Seiten politischer Presseauswertung erhält und sich fast unentwegt im politisch interessierten Milieu bewegt.

Solche Gespräche mit Mitarbeitern in seinem unmittelbaren Umfeld sind für einen Minister umso wichtiger, als kommerzielle Politikberatung weder finanziell noch politisch möglich ist. Er braucht daher eine Gruppe von Mitarbeitern, mit denen er diskutieren kann, was politisch sinnvoll und dabei vermittelbar ist.

Der eigentlich breite Raum für Kreativität wird dabei wie in jedem Job eingeschränkt durch die Spannung zwischen Pflicht und Kür: Je mehr sich die zu erledigenden Aufgaben auf dem Schreibtisch stapeln, desto weiter nach unten rutscht die gute Idee, die man kürzlich in der S-Bahn oder bei der Zeitungslektüre hatte und die man gelegentlich durchdenken und vorrecherchieren wollte. Da kommt wieder die notwendige Begeisterung ins Spiel, die es braucht, um abends oder auch am Freitag Nachmittag, wenn sich Büro und Ministerium langsam leeren, die einkehrende Ruhe für die Kür zu nutzen.

Hat man dann einmal die Musse gefunden, solche Gedanken zu verfolgen und zu vervollständigen, hegt die für eine Behörde typische Arbeitsweise zu großen Wildwuchs wirksam ein: Eine Idee, die sich nicht in Form eines kurzen Vermerkes, also möglichst auf einer knappen Seite, darlegen und ausführen lässt, ist offensichtlich doch nicht so gut wie zunächst gedacht.

Den letzten sichtbaren Glorienschein verliert dann das lang bebrütete Ei des Kolumbus, wenn es schwarz auf (recyclingpapier-)weiß in einer hellblauen Vorgangsmappe verschwindet, die in einer Behörde ein Stück Papier zu einem „Vorgang" adelt. Dafür gewährleisten diese beiden Pappdeckel, dass die Sendung beim Adressaten ankommt und von diesem als eigenständiges Arbeitsergebnis wahrgenommen wird. Im Rücklauf ist dann vieles möglich: Von der schlichten Kenntnisnahme, bezeugt durch das Ministerkürzel, über Randbemerkungen, Kommentare und Aufträge bis zur Bitte um vertiefende Rücksprache reicht die Spanne der möglichen Entwicklungen.

Was eine Verwaltung ausmacht

Ein Ministerium besteht aus einer politischen Leitung und einem Corpus von Fachreferaten, die in klarer Hierarchie ihre abgegrenzten Zuständigkeitsfelder bearbeiten. Thematische Überschneidungen gibt es selten; gewollt sind sie noch seltener. Stärke und zugleich Schwäche der obersten Verwaltungseinheit eines Landes ist ihre Verlässlichkeit. Nur selten kommt es durch den Austausch einzelner Personen (einschließlich des Führungspersonals) zu kompletten Wechseln im Verwaltungshandeln. Das Ruder hart herumzuwerfen, gelingt nur inhaltlich besonders kompetenten und zugleich durchsetzungsstarken Ministern.

Ein Grund dafür liegt in den arbeitsrechtlichen Bestimmungen von Beamten und Angestellten im öffentlichen Dienst. Nach dem Sieg Gerhard Schröders bei der Landtagswahl 1990 wurde die Zahl der Planstellen in der niedersächsischen Landesverwaltung drastisch erhöht und so eine politische Neuausrichtung des Behördenapparates ermöglicht. Mancher fand sich infolge des politischen Wetterumschwungs ausgesprochen unvermittelt auf einem Referatsleiter- oder Abteilungsleiterposten wieder. Diese „goldenen Zeiten", die mit einem ebenso drastischen Anstieg der Neuverschuldung des Landes Niedersachsen in den frühen 90er Jahren einhergingen, waren auch damals schon sehr außergewöhnlich und brechen heutzutage nirgends mehr aus. Im

Gegenteil: Der auf Kürzung getrimmte Stellenplan fast jeder Regierung macht öffentliche Ausschreibungen selten; lieber wird ein interner Bewerber genommen und innerhalb der Verwaltung verschoben, um seine oder eine wiederum andere Stelle gänzlich streichen zu können.

Folglich muss ein Minister weitgehend mit dem Apparat arbeiten, den er vorfindet und kann selbst im Verlauf der Jahre nur sehr beschränkt sein Personal austauschen. Durchgreifenden Wechsel verhindert schon der Personalrat, der sich unabhängig von der politischen Farbenlehre zumeist zum Anwalt der Stelleninhaber und selten zum Fürsprecher eines Wechsels macht, von der Unterstützung etwaiger Neuankömmlinge ganz zu schweigen. Auch die Gleichstellungsbeauftragte entwickelt zumeist rasch ein großes Faible für die Personalpolitik und verfügt über erheblichen Einfluss.

Viel mehr noch als in jedem privaten Unternehmen müssen in der Verwaltung deshalb Menschen miteinander arbeiten und über Jahre miteinander auskommen, die inhaltlich (und natürlich mitunter auch persönlich) wenig gemein haben. Nur ganz wenige Beamte sind als „politische Beamte" ohne Angabe von Gründen in den einstweiligen Ruhestand versetzbar und auch diese Maßnahme wird ungern ergriffen. Konflikte werden daher anders und selten offen ausgetragen. Streit und Eskalation nützen niemandem, da sich die Wege ja ohnehin nur in den seltensten Fällen wirklich trennen.

Schlummernde Konflikte zu orten und Nebenkriegsschauplätze größerer Gefechte auch als solche zu erkennen, ist daher eine Fähigkeit, die in der Verwaltung vermutlich noch mehr zählt als im Unternehmen. Das kleine Einmaleins der offiziellen Dienstwege und Abkürzungen in einer Verwaltung lernt sich hingegen binnen kürzester Zeit.

Tanker und Schnellboote

Diese personelle Konstanz überträgt sich natürlich auch auf die thematische Beweglichkeit eines Ministeriums. Je umgrenzter ein politisches Thema, desto eher lässt sich ein Wechsel in der Gesetzgebung oder auch im Verwaltungshandeln (etwa auf dem Verordnungswege) bewerkstelligen. Die Zustimmung mehrerer Referate, Abteilungen oder gar Ministerien zu erreichen, kann langwierig sein und dennoch nicht zwangsläufig erfolgreich. Die politische Leitung des Ministeriums kann im Einzelfall durch entschlossenes Handeln auch schnelle Ergebnisse erzielen; in vielen Fällen hingegen ist auch ein Minister auf die thematische Vorbereitung und Information durch die Fachbeamten angewiesen.

Der „große Wurf" ist daher ein nicht immer erreichtes und umso mehr bestauntes Ergebnis. Schon mancher politisch Verantwortliche hat sich nach Überschätzung seiner eigenen Hebekräfte irreparable Schäden an Gelenken, Muskulatur oder Knochen zugezogen. Die Einschätzung, welche Kraftakte Erfolg versprechend sind, ist ebenso Teil der Aufgabe.

Diese besondere Beschaffenheit des politischen Geläufs muss berücksichtigen, wer vernünftige Ergebnisse erzielen will. Für einen Quereinsteiger kann dies eine mehr oder weniger lange Zeit der Eingewöhnung bedeuten. Eine Schlüsselbedeutung kommt dabei den direkten Vorgesetzten (etwa dem Leiter des Ministerbüros) zu; ohne Anleitung scheitert auch die glänzendste politische Idee am mangelhaften Umgang mit dem Handwerkszeug.

Schließlich haben auch die anderen Personen der Leitungsebene eines Ministeriums selten darauf gewartet, dass ihnen ein neuer Mitarbeiter Politik erklärt: Staatssekretär (nebst persönlichen Mitarbeitern), Pressesprecher und die anderen Mitarbeiter des Ministerbüros lösen durch eigene Aktivitäten oftmals einen Wellengang aus, der Neulinge das eine oder andere Mal Wasser schlucken lässt. Zu Schwimmen, sich freizuschwimmen, und eine dynamische Heckwelle von einer bremsenden zu unterscheiden, ist eine der wichtigsten ersten Aufgaben. Außerdem umfasst der Aufgabenbereich eines Ministers häufig derartig fremde Themenbereiche, dass die Erkenntnis der eigenen teilweisen Unwissenheit ebenso unvermeidlich wie nötig ist, zugleich jedoch nicht zu unangemessener Schüchternheit führen darf.

Es soll nicht zusammenwachsen, was nicht zusammen gehört

In Artikel 21 des Grundgesetztes heißt es: „Die Parteien wirken bei der politischen Willensbildung des Volkes mit". Diese Mitwirkung ist gewollt. Eindeutig nicht gewollt ist hingegen die Mitwirkung von öffentlich Bediensteten bei der Arbeit der Parteien. Die Grenzen der politischen Arbeit sind für den Referenten eines Ministeriums richtigerweise eng gesteckt. Dabei ist es noch nicht einmal nur die Rechtslage, die diese Grenzen definiert. Schon die gänzlich außerdienstliche Präsenz bei einer öffentlichen Parteiveranstaltung kann sich zum Problem auswachsen, wenn ein zugleich aufmerksamer und böswilliger Journalist ein solches schaffen will – insbesondere, wenn er noch eine Kamera zur Hand hat.

Es bedurfte nicht erst der Vorgänge um die bayerische Kultusministerin Monika Hohlmeier im letzten Sommer (übrigens mitten im brandenburgischen Landtagswahlkampf), um in dieser Frage ein Dauerläuten sämtlicher Alarmglocken auszulösen. Natürlich wäre es manchmal hilfreich, sich als Mitarbeiter eines Ministers in seinem Parteiumfeld zu tummeln: um thematische Diskussion näher verfolgen zu können, um die Überzeugungen und den Duktus des Ministers zu studieren und wiedergeben zu können, um landespolitische Akteure besser einschätzen zu können etc. Schließlich gibt es mannigfache Berührungen von Parteipolitik und Äußerungen eines Ministers in seiner Funktion als Innenminister und zugleich stellvertretendem Ministerpräsidenten. Dass hier jedoch höchste Vorsicht geboten ist, liegt auf der Hand.

Dennoch ist die inhaltliche und damit auch die politische Nähe zu einem Minister nicht unwichtig. Bei der Vorbereitungen von Redemanuskripten und Schriftstücken aller Art ist eine detaillierte inhaltliche Absprache nur selten möglich. Jahrelange Erfahrung und Zusammenarbeit mag es ermöglichen, sich unter Ablegung jeglicher eigener Überzeugung in die Denkweise des Vorgesetzten hineinzuversetzen. Sich ohnehin grob in den gleichen Grundüberzeugungen zu bewegen wie dieser, kann die Sache jedoch nur erleichtern.

Und anschließend?

Eine Querschnittsaufgabe wie diejenige als Grundsatzreferent in einem Ministerbüro ist denkbar vielfältig: die Befassung mit einer Vielzahl von Themen; der Erfahrungen bei der Arbeitsweise eines Ministeriums und einer Landesregierung als solcher; die sich zwangsläufig sporadisch ergebenden Einblicke in die Funktionsweise des Landesverbandes einer Partei. Die Anwesenheit bei Gesprächen mit Vertretern von Verbänden, Behörden, Unternehmen ermöglicht fast täglich neue Lernprozesse und verschiedene Kontakte.

Berufliche Entwicklungsmöglichkeiten gibt es daher theoretisch viele. Was sich davon realisieren lässt, hängt von den eigenen Fähigkeiten und vom Erfolg der Zusammenarbeit ab. Wie sehr ein Vorgesetzter bei der Suche nach einer neuen Aufgabe hilft, ist schließlich nie im Vorhinein absehbar.

Welche Möglichkeiten gibt es? Zunächst ist da der Verbleib in der Landesverwaltung: Sicherlich ist theoretisch der Einsatz in einem Fachreferat möglich, doch ist angesichts der teils sehr speziellen Aufgabenbereiche dort die beruflich Erfüllung nicht garantiert. Als gelernter Historiker könnte man etwa auf Fragen des Kommunalrechts oder der Landesvermessung treffen.

Ein anderer Weg könnte in ähnlicher Funktion zu anderen Regierungsstellen, in anderen Ländern oder eventuell auf Bundesebene führen. Was das Politikfeld angeht, bestehen dabei vielfältige Möglichkeiten. Auch der Wechsel in ein Unternehmen ist denkbar, insbesondere im Bereich Public Affairs. Schließlich besteht gegebenenfalls die Möglichkeit des Aufstiegs mit dem Vorgesetzten. Darüber entscheiden jedoch stets Andere, insbesondere der Wähler und die politische Großwetterlage. Für den, der es anstrebt, kann die Anschlussverwendung auch in einem politischen Mandat bestehen.

Der Einstieg

So vielfältig die Aufgaben sind, so sind die Anforderungen doch im Grundsatz überschaubar: ausgeprägtes Interesse an Politik und politischen Zusammenhängen, schnelle Erfassung, Filterung und Bewertung von Informationen und deren präzise Wiedergabe sowie Fähigkeiten im Bereich Sprache und Kommunikation. Diese Fähigkeiten nicht nur pflegen, sondern auch lebenslauffest zu belegen, muss das Ziel der Ausbildungszeit sein. Da es sich außerdem um vielfältig verwendbare Schlüsselqualifikationen handelt, kann in diesem Bereich gar nicht genug getan werden.

Praktika und studentische Jobs im Journalismus, bei Verbänden, in Parlamenten sowie ehrenamtliches Engagement in diesen Bereichen sind unabdingbar. Um angesichts des Überangebots von geistes- und sozialwissenschaftlich ausgebildeten Hochschulabgängern überhaupt eine Chance zu haben, müssen selbst erarbeitete persönliche Kontakte aus diesen Tätigkeiten intensiv gepflegt werden.

Im Studium sind allgemeinbildende Themen dem Bohren tiefer, aber kleiner Löcher in dicke wissenschaftliche Bretter vorzuziehen. Je breiter die politische, aber auch die kulturelle Bildung, desto besser. In diesem Bereich, aber auch bei der sprachlichen

Kompetenz, kann der eigentlich verwaltungsfremde Quereinsteiger gegenüber einem einschlägig ausgebildeten Juristen punkten.

Vorteile – Nachteile

Nicht vergessen: Diese Art von Tätigkeit ist stark an eine Person geknüpft. Die Bereitschaft, sich darauf einzulassen, definiert Engagement, Erfolg und nicht zuletzt die Freude an der Tätigkeit und damit zugleich die Vorteile und Nachteile. Und – es handelt sich um eine Anstellung im öffentlichen Dienst mit den entsprechenden positiven wie negativen Folgen.

Nachteile: Kurzfristige Aufstiegsmöglichkeiten gibt es kaum, die Hierarchien der Arbeitsfelder sind vergleichsweise starr. Außerdem wird in der Verwaltung niemand reich. Das Gehalt entspricht dem normalen Gehalt eines Referenten im Ministerium.

Vorteile: Dafür ist die Arbeitsplatzsicherheit relativ hoch, ein hohes Gut in diesen Zeiten. Die Arbeitszeit bewegt sich im Rahmen, kann aber je nach Chef erheblich schwanken.

Besonders spannend sind sicherlich die Vielfalt der Tätigkeit und die (vermeintliche) Nähe zur Macht. Sie ermöglicht die rasche Entwicklung eines politischen Realitätssinns und eines Gespürs für politische Technik. Nicht zu unterschätzen ist die Möglichkeit, im direkten Umfeld einer echten Persönlichkeit zu arbeiten. So manches Opfer ist dabei zu erbringen, welches nicht über BAT vergütet wird. Doch wenn der Lohn dafür nicht lediglich ein feuchter, sondern zumindest ein fester Händedruck ist, so weiß man sich am richtigen Platz.

Sebastian M. Gehrold
arbeitet als Grundsatzreferent im Ministerbüro des Innenministers und stv. Ministerpräsidenten Brandenburgs, Jörg Schönbohm. Studium der Neueren Geschichte, Anglistik und des Öffentlichen Rechts in Freiburg, Bonn und Glasgow. Davor selbstständig als politischer Berater mit dem Schwerpunkt politisches Zielgruppenmarketing. Berufseinstieg als Pressesprecher der Jungen Union Deutschland. Studienbegleitende Tätigkeiten im Deutschen Bundestag, in der politischen Bildungsarbeit (Bildungswerk Eichholz der Konrad-Adenauer-Stiftung), sowie als freier Journalist (u. a. für Die WELT). Diverse Praktika im Bereich Journalismus und politische Öffentlichkeitsarbeit (u. a. Pressestelle des Deutschen Bundestages). Ehrenamtliches Engagement in der Hochschulpolitik und im Kartellverband katholischer deutscher Studentenvereine (KV). Alt-Stipendiat der Journalistischen Nachwuchsförderung der Konrad-Adenauer-Stiftung.
Kontakt: sebastian.gehrold@mi.brandenburg.de

ARTENVIELFALT
BEREICHE DER POLITIKBERATUNG

Lobbying als Beruf

von Dr. Peter Köppl

„Meine Mutter hat mich ihren Freunden nie als ‚Mein Sohn, der Lobbyist' vorgestellt. ‚Mein Sohn, der Repräsentant in Washington' vielleicht. Oder der ‚politische Berater', oder der ‚für die Beziehungen mit der Regierung zuständige'. Aber niemals als ‚der Lobbyist'. Ich kann es ihr nicht verübeln!"

(zit. in: Schlozman/Tierney: Organized Interests and American Democracy. 1986)

Der Lobbyist und seine Arbeit ist vielen suspekt. Allgemein werden Lobbyisten als dunkle, sinistre Personen beschrieben, die mit Vorliebe hinter dem Vorhang agieren und zwar im Auftrag mindestens ebenso dunkler Mächte, deren Ziele nicht unbedingt in Einklang mit dem öffentlichen Interesse stehen. Verbunden mit politischen Skandalen, die meist umgehend der einen oder anderen Lobby zugeschrieben werden, hat der negative Beigeschmack der Lobbyisten-Profession weltweit ebenso Tradition, wie die Profession selbst. Und weiters: Kein Politiker oder Beamte, dessen Entscheidungsfindung durch einen Lobbyisten in die eine oder andere Richtung gelenkt wurde, wird in der Öffentlichkeit voll des Lobes darüber sein. Wer will da schon Lobbyist sein?

Was ist eigentlich Lobbying wirklich?

Der Job des Lobbyisten ist es, im Dickicht des Interessenvermittlungssystems die Interessen des Auftraggebers zu vertreten. Die Auftraggeber können dabei Verbände verschiedenster Ausprägung sein: Unternehmensverbände, Branchenverbände, Gewerkschaften, Umweltverbände, etc. Der Auftraggeber ist aber ebenso oft und ebenso legitim ein einzelnes Unternehmen. Der Markt der Politik ist vom Wettbewerb an Ideen, Konzepten, Interessen und Lösungsansätzen geprägt. Gemäß den Gesetzen des freien Wettbewerbs kann nur der an diesem Markt partizipativ teilhaben, der sich diesen Marktgesetzen nicht verweigert. Falsch verstandene Zurückhaltung am Markt der Politik führt daher aus Sicht des Unternehmens zu Marktversagen – mit all den daraus resultierenden Nachteilen und Kosten.

Die Politik ist heute geprägt durch steigende Dynamik, durch Erfolgs- und Legitimationsdruck gegenüber der Öffentlichkeit, sowie durch exogene Kräfte wie etwa die Globalisierungsdiskussion. Politik braucht daher den klärenden und erklärenden Input der Unternehmen und Verbände, um potenzielle Fehler vermeiden zu können. Denn auch die Politik hat kein Interesse am Versagen ihres ureigensten Marktes – es wäre zum Schaden der Politik und damit der Gesellschaft.

Eine der besten, wenn auch breitesten Definitionen von Lobbying lautet: „Lobbying ist der informelle Austausch von Informationen mit öffentlichen Institutionen als Minimalkonzept sowie der informelle Versuch diese Institutionen zu beeinflussen." (van Schendelen, 1993) Lobbying ist ein systematischer Prozess zur Artikulation von Anliegen und Interessen eines Unternehmens gegenüber der Politik, wobei Überschneidungen mit den Tätigkeitsbereichen von Kommunikationsmanagement und Rechtsanwälten zum Zug kommen. Die politische Mitwirkung von Unternehmen, Verbänden und anderen gesellschaftlichen Gruppierungen ist Bestandteil jeder politischen Entscheidungsfindung und damit an jedem Regierungssitz gang und gäbe. Unterschiede bestehen lediglich in der Ausprägung des Lobbyismus in Relation zum jeweiligen politischen System.

Modernes Lobbying verstanden als Arbeitsunterstützung der politischen Entscheidungsträger sowie Durchsetzung von spezifischen Anliegen ist in der Lage, die Handlungsspielräume der Unternehmen zu erhalten beziehungsweise zu vergrößern. Dazu kommen primär politische Instrumente zum Einsatz, die in ihrer Form eine Arbeitserleichterung für die Entscheidungsträger darstellen. Dass in dieser, von Professionalität und Fachexpertise geprägten Arbeitsbeziehung zwischen Lobbyist und Entscheidungsträger die massenmediale Öffentlichkeit meist als störend empfunden wird, ist selbstredend. Denn Lobbying ist vom Grundgedanken her „non-public", es geht um den frühzeitigen, sachlichen und punktuellen, interessengesteuerten Input in die Entscheidungsfindung. Oder anders gesagt: Lobbying errichtet win-win-Situationen, bei denen das Unternehmensinteresse ebenso zum Zug kommt, wie die Interessen und Bedürfnisse der Entscheidungsträger.

Im größeren Zusammenhang ist Lobbying ein Instrument der Public Affairs: Im Rahmen der Public Affairs, der Anstrengungen eines Unternehmens, seine Rechte und Pflichten als Bürger einer Gesellschaft auszuüben, nimmt Lobbying eine zentrale Rolle ein. Lobbying ist angewandtes Politik-Management für die Belange der Wirtschaft, der Verbände sowie der Nicht-Regierungsorganisationen und hat die Mitgestaltung an der legislativen und administrativen Ausformung des relevanten Unternehmensumfeldes zum Ziel. „Public Affairs ist die Managementfunktion, die verantwortlich ist für die Interpretation des nicht-kommerziellen Umfeldes eines Unternehmens und das Management der Reaktionen des Unternehmens auf diese Umwelt." (Köppl, 2003)

Die Lobbying-Skills: Anforderungsprofil an Lobbyisten

Public Affairs und Lobbying sind der Diplomatie wesensverwandt. Persönliche Integrität, diplomatisches Geschick und ein ausgeprägtes kommunikatives Verhalten sind neben der inhaltlichen Expertise und der exakten Kenntnis der politischen Prozesse daher eine notwendige Grundvoraussetzung für diese Tätigkeit. Dazu gehört weiters die Fähigkeit des analytischen und konzeptiven Denkens und ein lösungsorientierter Arbeitsstil. Vor diesem Hintergrund ist anzumerken, dass juristisches Wissen speziell für Lobbying von Vorteil ist. Allerdings sind Juristen generell dazu ausgebildet, eine Sachfrage zu beweisen. Im Lobbying geht es aber nicht darum, etwas zu beweisen, sondern Zustimmung zu gewinnen. Es geht nicht darum, Recht zu haben, sondern Recht zu bekommen. Lobbying ist im Kern Überzeugungsarbeit, nicht aber Überredungskunst.

Lobbyisten sind daher auch keine Neuauflage der „Frühstücksdirektoren". Lobbyisten sind akribische Arbeiter, die ihr „desk research" beherrschen und ein feines Gespür für politische Analytik an den Tag legen. Der Analyse der relevanten Inhalte in Abstimmung mit den jeweiligen Forderungen, dem Abgleich der individuellen sowie der institutionellen Interessen und Handlungsräume kommt im Lobbying breites Augenmerk zu. Welcher Politiker wird sich aufgrund welches Argumentes bewegen? Und wenn ja, warum? Wie wird der politische Gegner darauf reagieren? Die jeweilige Kenntnis moderner Forschungs- und Analysemethoden ist daher eine wesentliche Voraussetzung für den beruflichen Erfolg im Lobbying.

Zugleich müssen Lobbyisten aber auch umsetzungsstark sein. Dies betrifft die Machbarkeit und politische Realisierungsmöglichkeit der gewählten Strategien. Ist der Weg über eine Bundestagsfraktion nicht nur gangbar sondern auch Erfolg versprechend? Wird die Demonstration des Verbandes mehr bewirken, als mediale Aufmerksamkeit? Denn komplexe Inhalte erfordern Sachkenntnis und die Arbeit als Vermittler. Knowwho ist out, Know-how ist gefragt. Die Befähigung zum Informationsmanagement und zur spezifischen Artikulation von Interessen ist wichtiger als ein Stammplatz in den gediegenen Restaurants.

Lobbying ist kein Platz für rookies – der „quick and dirty"-approach nicht von nachhaltigem Erfolg geprägt. Lobbyisten der modernen Prägung sind geübte Vermittler und versierte Brückenbauer zwischen den Interessen der Politik und der Wirtschaft. Sie sind geschickt im verhandeln und argumentieren und in der Lage, partielle Mehrheiten zu errichten. Denn: Lobbying gegen die Politik ist nicht von Erfolg gekrönt. Lobbying im Einklang mit dem politisch Machbaren bildet hingegen eine grundlegende Machtbasis auf der langfristig die Beeinflussung von Entscheidungen betrieben werden kann.

Welche Anforderungen muss ein Lobbyist an den Tag legen: (nach: Köppl, 2003)
- Detailliertes Wissen über politische Prozesse und Zusammenhänge
- Politisches Urteilsvermögen und „Gespür" für Politik
- Berufserfahrung im politischen Management – ehemalige politische Mandatare sind aber nicht notwendigerweise bessere Lobbyisten
- Fertigkeit des analytischen, konzeptionellen Arbeitens
- Lösungsorientierung und Flexibilität
- Aktivitätsorientiert („out-going")
- Kommunikativität und Integrität
- Teamfähigkeit sowie der Wille, auch als Einzelkämpfer zu agieren
- Verhandlungsgeschick und Präsentationserfahrung
- Keine Berührungsängste gegenüber politischen Entscheidungsträgern

Neben diesen grundsätzlichen Eigenschaften des Lobbyisten-Jobs bestehen einige Unterschiede in der Ausübung zwischen einem internen Lobbyisten und einem externen Berater.

Der Arbeitsalltag eines Lobbyisten

Von wegen Image des Berufs: es gibt kaum Unternehmen oder Verbände, die Personen beschäftigen, auf deren Visitenkarte „Lobbyist" steht. Gängiger sind folgende Job-Bezeichnungen:
* Public Affairs
* Beauftragter/Bevollmächtigter des Vorstandes
* External Affairs
* Corporate Affairs
* (Leiter oder Mitarbeiter des) Verbindungsbüros
* Regulatory Affairs (meist eingeschränkt auf Zulassungsverfahren)
* Internationale Beziehungen

Ein unternehmenseigener Public Affairs-Experte, der auch als Lobbyist des Unternehmens agiert, verschafft jedenfalls einen klaren Wettbewerbsvorteil: Er oder sie vertritt ungefiltert die Interessen des Unternehmens gegenüber dem gesellschaftspolitischen Umfeld. Damit ist gewährleistet, dass das Unternehmen seine eigenen Interessen über alle Wege und mittels aller Instrumente verfolgen kann. Neben der persönlichen Qualifikation des Public Affairs-Experten ist jedenfalls die direkte Anbindung an die Unternehmensleitung eine unabdingbare Voraussetzung für eine erfolgreiche Lobbying-Arbeit. Den entsprechenden Experten irgendwo in der Linie der Unternehmenshierarchie zu verstecken wird wenig Erfolg nach sich ziehen.

Lobbying und Public Affairs können entweder als eigenständige Abteilung, meist als Stabstelle der Unternehmensleitung, oder als Teil der Unternehmenskommunikation eingerichtet werden oder aber sie werden als Generalsekretariat bezeichnet bzw. sind Teil dieser Funktion. Egal wo ein- oder zugeordnet wird, Lobbying – sowie die Public Affairs an sich – ist eine Querschnittsfunktion. Die Aufgabe besteht darin, sowohl die Unternehmensführung als auch die operativen Abteilungen in ihrer Zielerreichung zu unterstützen. Kurz gesagt: nach innen beraten, nach außen im Auftrag des Unternehmens agieren. Wie so oft, hängt vieles maßgeblich von der Einstellung und dem Handlungsspielraum der agierenden Personen ab. Egal ob eigenständige Abteilungen oder eingegliedert in bestehende Bereiche, Public Affairs-Abteilungen sind trotz des vielfältigen Aufgabenbereiches nicht notwendigerweise reich an Personal und Budget. Die Praxis zeigt, dass einige wenige Experten – oftmals tatsächlich nur eine dafür zuständige Person – für die Erfüllung der Aufgaben ausreichen. Auch dies steht im direkten Zusammenhang mit der Anbindung an die Unternehmensleitung, dem Handlungsspielraum und dem Arbeitsverständnis.

Als Mitarbeiter in einem Unternehmen oder Verband besteht der Arbeitsalltag eines Lobbyisten im Kern aus Analyse und Recherche, Koordination und Abstimmung, sowie Umsetzung und Evaluation.

Recherche und Analyse beschreibt die zentrale Tätigkeit des politischen Monitorings, also der Beobachtung und Analyse der relevanten politischen Themen, Akteure und

Entwicklungen in Abstimmung auf die Bedeutung für das Unternehmen oder den Verband. Welche Themen entwickeln sich wie? Was bedeuten bestimmte Entwicklungen für das Unternehmen? Worüber wird in politischen Think-Tanks gerade nachgedacht? Welche Entscheidungen werden wo von wem für wann vorbereitet? etc. Diese Tätigkeit, die durch Gespräche, Analyse von veröffentlichten Materialien und sonstige Informationsquellen genährt wird, nimmt – gekoppelt mit den daraus zu ziehenden Ableitungen und Empfehlungen für das Unternehmen – gut die Hälfte der Arbeit eines Lobbyisten ein.

Koordination und Abstimmung: darauf aufbauend findet die laufende unternehmens- oder verbandsinterne Abstimmung der externen Analyse und der internen Notwendigkeiten statt. Weiters die Koordination mit Unternehmensführung und operativen Abteilungen betreffend der Erreichbarkeit der Ziele – beides meist in Form einer Szenarienanalyse: wenn diese oder jene Entwicklung statt findet, was heißt das dann für unser Unternehmen, unser Marketing, unsere Pricing-Pläne, etc.? Diese interne Feedbackschleife ermöglicht eine Rückkoppelung zwischen Innenwelt und Außenwelt und hilft bei der Erreichung der Ziele. Daraus abgeleitet werden die Strategiepläne und konkreten Handlungen, die es gilt – geteilt oder gemeinsam – zu realisieren.

Umsetzung und Evaluation: aufbauend auf den beiden ersten Schritten wird der Lobbyist jetzt die entsprechenden Tätigkeiten umsetzen. Etwa bestimmte politische Entscheidungen beeinflussen, um für Unternehmen oder Verband einen Vorteil zu erzielen; Verhandlungen zu führen, um drohende Benachteiligungen abzuwehren; Mitwirkung an schriftlichen Dokumenten der politischen Entscheidungsfindung um notwendige Formulierungen einfließen zu lassen; Briefing und Bereitstellung von Experten für politische Entscheidungen; etc. Alle Maßnahmen müssen laufend evaluiert werden, ob sie auch tatsächlich in die angestrebte Richtung führen, oder ob die Strategie geändert werden muss.

Diese drei Kernbereiche sind im Berufsalltag ein ständiger Kreislauf, der sich laufend weiter entwickelt, mitunter ins Stocken geraten kann, um gleich darauf an Dynamik zu gewinnen oder endgültig zu versiegen. Ein hohes Maß an Flexibilität und strategischem, in die Zukunft gerichtetem Denken ist daher unbedingt erforderlich.

Diese Arbeitsbeschreibung gilt auch für die Tätigkeit in Beratungsagenturen. Lobbying-Beratung wird angeboten von manchen PR-Agenturen, spezialisierten Public Affairs-Agenturen sowie zum Teil von Rechtsanwaltskanzleien und Unternehmensberatungen.

Zusätzlich zu den typischen Lobbying-Tätigkeiten gesellt sich in Agenturen noch die Beratungsleistung an sich, also der Umgang mit Kunden. Mehr noch als ein Unternehmens-Lobbyist ist ein externer Berater in der Rolle des Vermittlers zwischen Auftraggeber und Zielpublikum (politische Entscheidungsträger) – eine Rolle, die mitunter konfliktreich und störungsanfällig ist und daher besonderer Beratungskompetenz bedarf. Generell ist zu sagen, dass externen Beratern, die im Auftrag von Unternehmen oder Verbänden agieren, mitunter mehr Skepsis entgegengebracht wird, als Unternehmens-Lobbyisten. Daher spielen die Beratungs-Psychologie, das Agieren mit offenem Visier und die individuelle Professionalität eine große Rolle bei der externen Lobbyingberatung.

Eine ebenso große Herausforderung für externe Lobbyisten in Agenturen ist, dass sie in aller Regel für mehrere Kunden gleichzeitig agieren müssen. Das bedingt nicht nur eine hohe mentale und inhaltliche Flexibilität – sozusagen eine interne Firewall – sondern auch das ständige Bewusstsein, potenziellen Interessenskonflikten ausgesetzt zu sein. Etwa was die unterschiedlichen Interessen der Kunden und ihre Priorität betrifft, oder aber die Skepsis eines politischen Entscheidungsträgers, der einen externen Berater oftmals mehrfach hintereinander für unterschiedliche Unternehmen agierend erlebt. Hier ist besonders die persönliche Integrität und – wie immer in solchen Disziplinen – die Erfahrung von entscheidender Bedeutung.

Jedenfalls, und das ist heute bereits klar zu erkennen, werden sowohl in der Beratung als auch in der Tätigkeit bei Unternehmen, Verbänden und NGOs in Zukunft noch mehr Jobs für Lobbyisten entstehen.

Anleitung zum Berufseinstieg

Lobbying ist ein Lehrberuf, das heißt, er muss erlernt werden. Niemand wird als Lobbyist geboren und niemand kann seine Berufskarriere als Lobbyist beginnen. Die Herausforderung dieses Berufes besteht darin, spezialisierter Generalist zu sein. Das braucht ein wenig Zeit. Neben der inhaltlichen Expertise – die erlernt werden kann, dem politischen Know-how – das erlernt werden muss und der kommunikativen Kompetenz – die entwickelt werden muss, bedarf dieser Beruf einiger Fertigkeiten – die gelernt werden können. Grundwissen um politische Prozesse etwa, oder Analyse-Verfahren, Projektmanagement-Techniken und Planungs-Know-how sowie Können im Bereich des Kommunikations-managements. All das gilt es im Lauf einer Berufskarriere anzusammeln und in ein Gesamtbild zu fügen. Daraus ergeben sich auch logisch die Möglichkeiten des Berufseinstiegs: in allen Bereichen der Politik ist das „politische Geschäft" zu erlernen, in einer Kommunikationsagentur sind die PR-Skills am Besten zu erlernen und wohl nur in einem Unternehmen lernt man unternehmerisches Denken, Planen und Handeln. Ein grundlegendes akademisches Studium kann dafür eine gute Ausgangsvoraussetzung sein. Ein notwendiges Muss ist es keinesfalls.

Sehr gute Möglichkeiten bieten die speziellen Ausbildungen für den Lobbying-Beruf, wie sie etwa vom DIPA – Deutsches Institut für Public Affairs in Potsdam bzw. der GSPM – Graduate School of Political Management in Washington, D.C. angeboten werde. Aber Achtung: sie runden die Lehr- und Wanderjahre eines Lobbyisten perfekt ab, ersetzen können sie diese notwendigen Schritte nicht.

„Der ideale Lobbyist ist wie Sokrates, der beständig Fragen stellt, zuhört und das Gehörte hinterfragt. Er ist wie Max Weber, der durch geduldiges Vorbereiten und Analysieren die richtigen Antworten parat hat. Und er ist wie Niccolo Machiavelli, der die sich daraus formenden Interessen geschickt vertritt." (Rinus van Schendelen, 2002)

Anmerkungen & Literatur

Köppl, Peter: Contract Lobbying. Beeinflussung als Dienstleistung. In: Scheff / Gutschelhofer (Hg.): LobbyManagement. Chancen und Risiken vernetzter Machtstrukturen im Wirtschaftsgefüge. Linde, Wien 1998

Köppl, Peter: Power Lobbying. Das Praxishandbuch der Public Affairs. Wie professionelles Lobbying die Unternehmenserfolge absichert und steigert. Linde International, Wien 2003

Schendelen, Rinus van: National Public and Private Lobbying. Dartmouth Publishing Company. Aldershot, England, 1993

Schendelen, Rinus van: Machiavelli in Brussels. The Art of Lobbying in the EU. Amsterdam University Press 2002

Dr. Peter Köppl

ist Geschäftsführender Gesellschafter der Kovar & Köppl Public Affairs Consulting GmbH, einem auf politische Kommunikation und das Management von politischen Prozessen spezialisierten Beratungsunternehmen mit Hauptsitz in Wien. Der promovierte Kommunikationswissenschafter und Politologe (Universität Wien) arbeitet seit 15 Jahren im Schnittfeld von Wirtschaft und Politik und absolvierte als erster Österreicher die Graduate School of Political Management in Washington, DC. im Fachbereich „Lobbying & Public Affairs". Köppl ist Lektor an Universitäten und Fachhochschulen sowie international tätiger Fachautor und -vortragender, Mitglied der Fachjury des „Politikaward" sowie des Redaktionsbeirates von politik&kommunikation und Mitbegründer von ALPAC (Austrian Lobbying & Public Affairs Council) sowie Senior Research Fellow des DIPA-Deutsches Institut für Public Affairs. Kontakt: peter.koeppl@publicaffairs.cc

Just win, baby!

von Ralf Güldenzopf & Mario Voigt

Wahlkampfmanagement ist eine besondere Form von Politikberatung. Es ist selten auf den tatsächlichen inhaltlichen Veränderungsprozess politischer Konsensfindung ausgelegt. Hier werden nicht Koalitionen geschmiedet, politische Korrektheit geprobt oder administrativ-taktische Winkelzüge praktiziert. Wahlkämpfer zielen auf den Gefühlszustand des Sieges über den politischen Mitbewerber. Man kann Wahlkampf zwar studieren, aber eine Garantie auf den Sieg ist das nicht. Dennoch lautet das Leitmotiv jeder politischen Kampagne: Just win, baby!

Wahlen und Wahlkampf

Wahlen sind das Kernelement einer funktionierenden Demokratie. Wahlkämpfe erfüllen die Funktion eines komprimierten Politikangebotes an den Wähler bei Überbetonung der eigenen Stärken und der Bündelung der personellen und medialen Aufmerksamkeit. Im Zeitalter des „permanent campaigning" fallen Definitions- und Abgrenzungsver-suche von Wahlkampf schwer, findet der Wettbewerb der Parteien um die Wählergunst bereits nach der vorhergehenden Wahl statt. Vereinfacht kann man den Wahlkampf als sämtliche, die politische Konkurrenz widerspiegelnde Interaktion im Vorfeld einer Wahl bezeichnen. Wahlkampagnen sind Kommunikationsschlachten. Im Unterschied zu dem Gros der Marketingstrategien, ist die Kampagnenstrategie auf einen speziellen Tag ausgerichtet. Nur die Punktlandung am Wahltag zählt – das politische Produkt wird nur am Wahltag verkauft.

Es gibt unterschiedliche Gründe für die gestiegene Bedeutung von Kampagnen. Ausgangspunkt ist die sinkende Parteibindung in vielen Demokratien. Dadurch steigt die Zahl von Bürgern, die sich erst kurz vor dem Wahltag für einen Kandidaten entscheiden. Ihre Zustimmung für die verschiedenen Kandidaten kann während des Wahlkampfes durchaus variieren. Insofern bieten Kampagnen ein Vehikel, um im politischen Prozess mediale Aufmerksamkeit zu generieren, und offerieren dem Bürger die Chance, sich über die politischen „Angebote" zu informieren.

Wahlkampf ist die Kunst der politischen Kriegsführung. Seine Helden werden nicht geboren, sondern durch die Erfahrung im politischen Streitgeschäft erzogen. Das Gespür für das politisch Notwendige, das strategisch Richtige und das kommunikativ Sinnvolle erwächst bei Wahlkämpfern erst über Jahre. Der kreative und erfolgreiche Wahlkampfmanager von Bill Clinton, James Carville, gewann keine politische Kampagne bevor er 42 Jahre alt wurde.

Wahlkampfberatung ist hierzulande nur eine Nische im Marketing- und Kommunikationssektor. Es gibt keine Vollblutwahlkämpfer außerhalb der Parteien. Darin unterscheiden sich deutscher und amerikanischer Wahlkampf. Der Großteil der externen Wahlkämpfer beschäftigt sich in Deutschland nur zu Spitzenzeiten mit Politik. Sie kommen aus Werbefirmen und Umfrageinstituten, die sich vor allem auf ihre wirtschaftlichen Kunden konzentrieren. Sie konzentrieren sich auf PR und *government relation* bzw. *issue management*.

Warum benötigt man professionelles Wahlkampfmanagement?

Heute konkurriert Politik um Aufmerksamkeit und Zustimmung in einer kommunikativen „Multi-channel"-Welt. Politik reagiert darauf mit Zuspitzung und erweiterter Präsentation politischer Inhalte im Wirrwarr medialen und sozialen Pluralismus. Sie kämpft um Aufmerksamkeit durch die Wähler. Kritiker bemängeln die „Amerikanisierung" politischer Kommunikation als Verfall demokratietheoretischen Verhaltens zu Gunsten amerikanischer Marketingpraktiken. In der Tat: Wer über Wahlkämpfe spricht oder schreibt kommt selten an Referenzen auf amerikanische Politikkampagnen vorbei.

In den USA werden die hartumkämpften Wahlen von der lokalen bis zur präsidentiellen Ebene von professionellen *campaign consultants* dominiert. Durch professionelle Beratung beeinflussen sie Themen und Kandidaten, entwickeln Strategien und Taktiken. Strategische und durch Umfragen gestützte Wahlkampfkommunikation mit maßgeschneiderten Botschaften sind im engen Mobilisierungskampf um Stimmen und Stimmungen ausschlaggebend.

Moderne Kampagnen sind geprägt durch vier wesentliche Aspekte: die „Personalisierung" von Kampagnenkommunikation und die Betonung der Kandidatenrolle; die „Verwissenschaftlichung" (scientificization) der Kampagnenplanung durch Experten zu Lasten traditioneller Parteiverantwortlichkeiten; die „Loslösung" (detachment) politischer Parteien von Bürgern durch die stärkere Berücksichtigung von Umfragedaten anstelle der direkten Interaktion mit den Wählern durch die Parteiorganisationen; und die Entwicklung von „autonomen Kommunikationsstrukturen", die nicht nur den Interessen von politischen Kampagnen, sondern ihrer eigenen Medienlogik folgen.

Politische Kampagnen greifen aktiv auf Instrumente und Strategien aus dem Marketing zurück. Die zunehmende Professionalisierung von Wahlkämpfen hat zu einer gewachsenen Ausdifferenzierung und Spezialisierung geführt. Dadurch hat auch die Bedeutung externer und professioneller Wahlkämpfer zugenommen. Aus der Kunst ist ein Handwerk geworden mit „specialized expertise, division of labor, and the diversification of professional needs to win an election".

Welche Aufgaben stehen für Wahlkämpfer an?

„Wie hätte ich Präsident werden können, ohne vorher Schauspieler gewesen zu sein."
Ronald Reagan

In Vorbereitung auf eine Kampagne verweisen politische Berater häufig auf die Nähe zur Schauspielkunst. Gute Kampagnen seien wie gute Dramen eine Serie von stilisierten Darbietungen: Einführung, ansteigende Spannung, unerwartete Wendungen und einen zusammenfassenden Abschluss. Wenn auch diese Simplifizierung die Bedeutung von Wahlkämpfen relativiert, weist der Vergleich jedoch auf eine wichtige Anforderungen politischer Berater hin: Bei der Analyse, Planung und Umsetzung ähneln sich politische Kampagnen in der sorgfältigen Vorbereitung und Ansprache des Publikums. Die Aufgaben sind vielfältig und variieren mit dem Grad der Erfahrung, der Größe der Kampagne und dem zeitlichen Ablauf des Wahlkampfes.

Politische Strategen beginnen mit einer ausführlichen Einschätzung und Bewertung der politischen Lage. Ob vergangene Wahlergebnisse, demographische Entwicklungen, Zunahme der Parteimitgliedschaft, wichtige politische Themen, Stärken und Schwächen des eigenen Kandidaten und des Gegenkandidaten etc. – alle wichtigen Einflussfaktoren erhalten eine ausgiebige Würdigung. Der Kontext einer Kampagne wird analytisch aufbereitet und planerisch umgesetzt. Hierzu zählen Aufgaben, wie Kontextanalyse, Meinungsforschung, Kampagnenstrategie und Gegnerbeobachtung. Auf deren Grundlage werden der Kampagnenplan, die Medienstrategie und die Mobilisierungs-entscheidungen entwickelt. Von größter Bedeutung ist dabei das strategische Gespür der Berater. Grundlegend für die Strategien ist das Anliegen, durch Botschaften mit Bürgern in Kontakt zu treten und sie zu einer bestimmten Wahlentscheidung zu motivieren. Die politischen Planer ersinnen ein Leitbild der Kampagne, das in wenigen Worten die Begründung für die Wahlentscheidung verdeutlichen soll. Dieses Motiv firmiert als Klammer für die einzelnen Kampagnenthemen, -botschaften und -images. Ihre Umsetzung erfolgt durch Medienberater und Werbefachleute. Die Resultate sind Werbekampagnen, Mobilisierungs-feldzüge und Massenmedienstrategien. Wahlkampfveranstaltungen werden geplant, Kandidatenauftritte organisiert, Plakate entworfen, Anzeigen- und Unterstützerkampagnen entwickelt. Dafür müssen Ressourcen und Mitarbeiter geplant und finanzielle Überlegungen angestellt werden.

Deutsche Kampagnen werden trotz der zunehmenden externen Expertise durch Umfrageinstitute und Werbeagenturen weiterhin im Wahlkampfhauptquartier der Parteien bestimmt. Innerhalb der Parteizentralen oder ausgelagerten Wahlkampfzentralen laufen die Drähte einer politischen Kampagne zusammen. Während eines Wahlkampfes verdoppelt sich leicht der Personalbestand und Parteien stocken ihren Mitarbeiterstab deutlich auf. SPD und CDU beschäftigen locker 80-100 zusätzliche Helfer. Vielfach finden sich darunter studentische Hilfskräfte oder temporäre Praktikanten. Für Bundestagswahlen gilt, dass ungefähr ein bis anderthalb Jahre vor dem Wahltermin Parteien aktiv nach zusätzlicher Unterstützung Ausschau halten. Die Aufgaben für einen Neueinsteiger hängen von zwei Faktoren ab.

Erstens ist die Größe der Kampagne entscheidend. Die Herausforderungen einer politischen Kampagne ähneln sich und die Rahmenbedingungen auch: Man will die eigenen Anhänger mobilisieren, die unentschiedenen Wähler überzeugen und die gegnerischen Anhänger demobilisieren. Je größer jedoch das Wahlgebiet, umso größer ist auch die Komplexität der Organisation und Umsetzung einer Kampagne. Kommunalwahlkampf heißt „Mädchen für alles" mit handwerklicher Begabung zu sein. In Landtags- und Bundestagswahlkämpfen sind administrative und häufig spezialisierte Kenntnisse gefragt.

Zweitens entscheidet der bisherige Erfahrungsschatz des Bewerbers über sein Einsatzgebiet und seine Verantwortlichkeiten. Vom Telefondienst bis zur leitenden Position bei der Gegnerbeobachtung sind gerade in Wahlkampfzeiten die Spannbreite und die Aufstiegschancen innerhalb einer Organisation groß.

Welche Eigenschaften sind gefragt?

Ansprache von Großspendern, Produktion von Fernsehspots und „spin doctoring" nach den Fernsehduellen – diese Tätigkeiten der Professionalisierung und Marketingorientierung von Politik-Kampagnen beschreiben die Realität nur partiell. Die Wirklichkeit von Wahlkämpfern ist oftmals alltäglicher als das Image von Kampagnen vermuten lässt. Sicherlich verbirgt sich hinter den Pizzaschachteln, die zu mitternächtlichen Stunden den Schreibtisch eines übernächtigten Wahlkämpfers auf dessen Suche nach dem wahlentscheidenden Slogan schmücken, der realistische Teil dieses Nimbus. Jedoch erwartet der Leiter eines Wahlkampfteams weit mehr von einem als die pure Politikversessenheit. Speziale Kenntnisse und besondere persönliche Eigenschaften machen einen modernen Wahlkämpfer aus.

Wer bei Landtags- oder Bundestagswahlkämpfen mitmischen will, der sollte den konfrontativen Charakter von Politik akzeptieren und über vertiefende Kenntnisse politischer Institutionen und ihrer Entscheidungsträger Bescheid wissen. Nur derjenige bedeutet durch sein analytisches und strategisches Verständnis einen Gewinn für die Kampagne, der auch den politischen Sprengstoff einer gegnerischen Aussage zielsicher erspüren kann. Dafür sollte man sich in den meisten politischen Themenfeldern auskennen. Begrüßenswert ist der spezialisierte Generalist, der vertiefende Kenntnisse in einem oder mehreren Politikfeldern mitbringt und für die Ideenakquise auch auf eigene Netzwerke in Politik und Wissenschaft zurückgreifen kann. Erfolgreiche Wahlkämpfer zeichnen sich nicht immer durch ein politikwissenschaftliches Prädikatsexamen aus, sondern häufig durch das „besondere Etwas". Ob inhaltlich, sprachlich oder analytisch für den Wahlkampf sind besondere Kenntnisse in Sprache, Bild oder Ton hilfreich, um Reden zu schreiben, Botschaften auf „Soundbites" zu reduzieren oder auch Kernthemen bildgerecht zu visualisieren. Auch die Vertrautheit mit den neuesten Kommunikationstechniken ist kriegsentscheidend. Moderne Kampagnen orientieren sich an dem Leitbild einer auf zielgruppenspezifisches Informationsmanagement ausgerichteten dialogischen Politikkommunikation. In einem Geschäft dessen Leitthema „Speed kills" ist, sind für Timing und Tempo sichere Computerkenntnisse, Internet und E-Mail, vielleicht sogar Erfahrung im Umgang mit Datenbanken unabdingbar.

Gerade in der zeitintensiven und nervenaufreibenden Wahlkampfbranche sind die Persönlichkeitseigenschaften eines Bewerbers bedeutsam. Wahlkampf ist keine Einzelveranstaltung sondern ein Teamsport. Nur teamfähige und lernwillige Helfer sind für eine erfolgreiche Kampagne hilfreich. Durch selbstständiges Arbeiten und mit einer inneren Offenheit für Kritik an der eigenen Arbeit trägt man zum Erfolg der Kampagne und dem „esprit de corps" bei. Nur wer gewillt ist, selbst Entscheidungen zu treffen, nach außen verschwiegen zu sein, sie nach innen offen zu vertreten und ggf. gegen die eigene Vorstellung gefällte Beschlüsse zu akzeptieren und umzusetzen, wird sich in dem schnellen, spontanen und häufig nicht stressfreien politischen Kampagnengewerbe zu Hause fühlen. Nicht selten ist durch Rückschläge in der Wahlkampfführung, kluge gegnerische Aktionen oder einfach nur durch Übermüdung das Klima innerhalb des „War Rooms" gespannt. Über diese Zeiten hilft Ausdauer und eigene Motivationsfähigkeit hinweg.

Für die Stunden der Belastung reicht allein ein professionelles Arbeitsethos nicht aus. Um erfolgreich für den Sieg zu streiten und auch Rückschläge wegzustecken, benötigt der Bewerber eine innere Überzeugung vom Kandidaten und der Sache, für die er kämpft. Der unbedingte Wille zum Sieg versteht sich dabei von selbst. Wem dann neben koordinativem und organisatorischem Geschick auch noch Kreativität und Ideenreichtum gegeben sind, der ist für jeden Kampagnenchef interessant.

Selten bringt ein Bewerber all diese idealtypischen Eigenschaften mit. Vielmehr ist auch der Wahlkampf eine „work in progress" und am Ende einer Kampagne ist man um zahlreiche Erkenntnisse und Misserfolge reicher, die man beim nächsten Mal nicht wiederholen wird. Ob einen dafür eine politikwissenschaftliche Ausbildung besser vorbereitet, als eine juristische, philosophische oder auch naturwissenschaftliche, sollte man zwei Politikwissenschaftler sicherlich nicht fragen. Sicher ist jedoch, theoretische und praktische Vorkenntnisse sind für eine Bewerbung für ein Wahlkampfteam unerlässlich.

Theorie und Praxis als Berufsvorbereitung

Kann man Wahlkampf lernen? Es bleibt zweifelhaft, ob im staubigen Klassenzimmer die hektische Betriebsamkeit der modernen Kommunikationsschlachten und die raue Wirklichkeit basisorientierter Canvassingstände aufkommen können. Dennoch ermöglichen universitäre Kurse zur politischen Kommunikation, Wahlkämpfen und Kampagnen einen ersten Einstieg. In vermehrter Zahl bieten Hochschulen Seminare und Vorlesungen über politisches Marketing und Kommunikation an. Am DIPA in Potsdam sind komplette Studiengänge in Gründung; in Bremen (Internationale Fachhochschule) und Jena (Zentrum für politische Kommunikation) werden Grundlagenkurse angeboten. In abgespeckter Form richten die politischen Stiftungen Veranstaltungen über Rhetorik und politischer Kommunikation aus. Wer im Land der Kampagnen-Innovationen ein komplettes Studium der politischen Kommunikation und Kampagnenführung absolvieren möchte, der sollte sich an die Graduate School of Political Management an der George Washington University, das Center for Congressional and Presidential Studies an der American University, in Washington D.C. oder das Center for Politics an der University of Virginia, Charlottesville wenden.

Letztlich bleibt jedoch alle Theorie grau, wenn man sich nicht selbst in die wilden Gewässer politischer Kampagnen wirft. Gerade die politischen Jugendorganisationen bieten einen guten Startpunkt, um die Widrigkeiten und kleinen Erfolgserlebnisse der politischen Arbeit an der Basis kennen zu lernen. Auch die Studentenpolitik eröffnet wertvolle Einblicke in einen Zielgruppenwahlkampf mit niedriger Wahlbeteiligung und jährlichen Neuauflagen. Dieses ehrenamtliche Engagement trägt zum Profil des Bewerbers bei, führt an die politische Szene heran und ermöglicht im überschaubaren Rahmen den Test der eigenen Fähigkeiten. Praktika bei Wahlkämpfen, in den Parteizentralen, in den Fraktionen, bei Werbeagenturen oder Umfrageinstituten vermitteln vertiefende Kenntnisse.

Eine besondere Art und Weise das Kampagnenleben kennen zu lernen, bietet sich einem, wenn man einmal selbst in die Rolle des Kandidaten schlüpft. Ob bei den Hochschulwahlen oder in der eigenen Kommune – das eigene Gesicht auf einem

Plakat zu sehen, eine klare Botschaft zu haben und um Stimmen für den eigenen Wahlvorschlag zu werben, helfen bei der späteren Beratungstätigkeit.

Just do it, Baby!

Die Faszination für Politik wird nirgends so spürbar wie in Wahlkampfzeiten. Sieg oder Niederlage, Ideen und Kandidaten prallen aufeinander. Kandidaten, Wahlkreise und Stimmungen können sich dabei ähneln. Jedoch keine Kampagne ist wie die vorherige. Die Aufstiegschancen und die Anerkennung können während und nach dem Wahlkampf für den Einzelnen sehr gut sein. Und egal was am Ende einer Kampagne lockt: Just do it, baby!

Ralf Güldenzopf
forscht am Zentrum für politische Kommunikation, Jena (www.zpk-jena.de) zum Thema direkte Wähleransprache und -mobilisierung. Studium der Politikwissenschaft, Psychologie und Wirtschaftswissenschaften an den Universitäten Jena und University of Virginia, Charlottesville. 2000 war er Assistent des Kampagnenstrategen und späteren Senators Dean Barkley und arbeitete bei „Minnesota Planning" für Gouverneur Jesse Ventura. Wahlkampferfahrung bei Congressman Jim Ramstad. Politische Kommunikation und Kampagnen-Erfahrungen vertiefte er wissenschaftlich bei Professor Larry Sabato am Center for Politics, Charlottesville. Seine Magisterarbeit schrieb er über den Schwarzenegger-Wahlkampf 2003, sie erschien bei polisphere unter dem Titel „The People's Govenor". Kontakt: gueldenzopf@zpk-jena.de

Zwischen Zahlen und Strategien

von Alexander Mauß

Bei der politischen Umfrageforschung muss prinzipiell zwischen zwei Bereichen unterschieden werden: Auf der einen Seite der Meinungsforschung (Polling), bei der aktuelle Stimmungen und Meinungen in der Bevölkerung abgefragt werden und auf der anderen Seite der Evaluationsforschung, bei der es z. B. darum geht, die Implementierung eines bestimmten Programms wissenschaftlich zu begleiten. Im weiteren Verlauf dieses Artikels wird nur auf den Bereich Polling eingegangen.

Die Institute

Fast alle großen Meinungsforschungsinstitute in Deutschland führen auch politische Umfragen durch, wobei die politische Forschung in der Regel nur einen kleinen Teil ihrer Arbeit und ihres Umsatzes ausmacht. Zu den bekanntesten Instituten gehören sicherlich Infratest dimap und die Forschungsgruppe Wahlen, die für die ARD bzw. das ZDF die Wahlberichterstattung durchführen, das Institut für Demoskopie Allensbach, TNS Emnid sowie forsa. Daneben gibt es aber noch eine Vielzahl weniger bekannter Firmen, die ebenfalls politische Meinungsforschung betreiben.

Einen guten Überblick über die Anzahl und Größe der verschiedenen Meinungsforschungsinstitute in Deutschland liefert der Arbeitskreis Deutscher Markt- und Sozialforschungsinstitute (ADM) sowie der Berufsverband Deutscher Markt- und Sozialforscher (BVM).

Die Auftraggeber

Die meisten politischen Umfragen werden nicht für politische Auftraggeber wie z. B. Parteien, Stiftungen oder Ministerien sondern für die Medien durchgeführt.

Besonders umfassend ist die politische Umfrageforschung und Berichterstattung bei den öffentlich-rechtlichen Rundfunkanstalten. ARD und ZDF berichten regelmäßig mit dem DeutschlandTREND bzw. dem Politbarometer über die politische Stimmung in Deutschland. Zusätzlich zu diesen monatlichen bzw. zweiwöchigen Umfragen führen sowohl ARD als auch ZDF im Vorfeld von Wahlen verstärkt Erhebungen durch, die sich intensiv mit den Themen des Wahlkampfes, den Stärken und Schwächen der jeweiligen Kandidaten sowie den Lösungskompetenzen der Parteien auseinandersetzen. Den Abschluss bildet eine Befragung von Wählern am Wahltag, die neben der Prognose darüber Aufschluss geben soll, warum sich die Wähler für ihre jeweils präferierte Partei entschieden haben.

Neben ARD und ZDF veröffentlichen aber auch Wochenzeitungen wie z. B. DER SPIEGEL, Focus oder Tagezeitungen wie z. B. die FAZ regelmäßig Umfragen, die sich entweder mit der allgemeinen politischen Stimmung in Deutschland auseinandersetzen oder einen bestimmten thematischen Schwerpunkt haben.

Die zweite Gruppe der Auftraggeber sind die politischen Akteure. Hierzu gehören z. B. die Parteien, die sich mit Hilfe von strategischen Umfragen auf bevorstehende Wahlkämpfe vorbereiten. Während bei der Forschung für die Medien die Wiedergabe der politischen Stimmung in der Bevölkerung im Vordergrund steht, ist die Zielsetzung bei der strategischen Umfrageforschung eine andere. Das eigentliche Ziel der strategischen Umfrageforschung ist es Möglichkeiten aufzuzeigen, mit denen die äußerst knappen Ressourcen Zeit und Geld möglichst effektiv für die Wahlkampfplanung eingesetzt werden können. Die Umfrageforschung liefert für die Parteien nicht nur frühzeitig Informationen über die Stärken und Schwächen der Kandidaten sowie über die aktuelle Themenlage, sondern hilft auch, Zielgruppen für den Wahlkampf zu erkennen und deren spezifischen Erwartungen an die Politik zu verstehen. Der Nutzen der strategischen Umfrageforschung ist jedoch nicht auf Wahlkämpfe beschränkt, sondern hilft allen Gruppen, die im politischen Raum erfolgreich kommunizieren müssen. Dies können Ministerien sein, Gewerkschaften, Nonprofit-Organisationen oder Firmen.

Unabhängig davon, ob es darum geht, im Wahlkampf das Maximum an Wählern zu erreichen, als Minister eine Reform erfolgreich durchzuführen oder in anderer Weise im politischen Raum zu kommunizieren, in all diesen Bereichen kann Beratung, die auf strategischer Umfrageforschung basiert, helfen, den Informationstransfer zwischen Entscheidungsträgern und Bürgern zu verbessern.

Der Arbeitsalltag

Im Arbeitsalltag macht es erst einmal keinen Unterschied, ob man eine Untersuchung für die Medien oder für eine Partei durchführt. Das Erkenntnisinteresse unterscheidet sich zwar, die Instrumente und die Herangehensweise sind jedoch zu großen Teilen identisch.

Am Anfang eines jeden Projekts steht die Auswahl des passenden methodischen Ansatzes. Die Umfrageforschung kann man prinzipiell in zwei Bereiche aufteilen: Quantitative und qualitative Forschung. Der Hauptunterschied zwischen den beiden Bereichen besteht darin, dass bei der quantitativen Forschung Ergebnisse erzielt werden, die sich auf die Bevölkerung oder größere Gruppen verallgemeinern lassen: Sie sind repräsentativ. Voraussetzung für eine repräsentative Umfrage ist, dass die Stichprobe die zu befragende Grundgesamtheit gut abbildet. Dies bedeutet, dass jede Person aus der Grundgesamtheit die gleiche Chance haben muss, an der Befragung teilzunehmen. Diesem Ziel kommen Zufallsstichproben am nächsten. Bei der qualitativen Forschung können die Ergebnisse nicht auf eine größere Gruppe verallgemeinert werden. Dafür hat die qualitative Forschung den Vorteil, dass Themen sehr viel intensiver diskutiert werden können. Keine Forschungsmethode ist prinzipiell besser als die andere. Vielmehr können manche Aufgaben besser mit der einen und andere Aufgaben besser mit der anderen Methode gelöst werden. Oft erzielt man mit einer Kombination beider Methoden die besten Ergebnisse. Der Arbeitsalltag in der politischen Meinungsforschung lässt sich anhand von zwei typischen Beispielen näher beschreiben.

Quantitative Ad-hoc Studie (DeutschlandTREND)

Bei einem Großteil der Studien geht es darum, eine repräsentative Stichprobe mit Hilfe eines standardisierten Fragebogens zu befragen und damit Aussagen über die der Stichprobe zugrunde liegende Grundgesamtheit zu machen. In der Praxis heißt dies, dass zum Beispiel beim DeutschlandTREND 1.000 repräsentativ ausgewählte Personen befragt werden, deren Aussagen stellvertretend für alle Wahlberechtigten in Deutschland stehen.

Die meisten politischen Umfragen werden telefonisch durchgeführt. Dies ist auch beim DeutschlandTREND der Fall. Diese sogenannten CATI- (Computer-Assisted Telephone-Interviewing) Interviews haben verschiedene Vorteile:

- Zeitnahe Erhebung zu politischen Ereignissen
- Optimale Ausschöpfung schwer erreichbarer Gruppen
- Hohes Maß an Betreuung und Kontrolle im Erhebungsverlauf
- Verhältnismäßig kostengünstig

Alternativ zu telefonischen Erhebungen können Umfragen auch mündlich-persönlich durchgeführt werden, d.h. die Interviewer besuchen die Zielpersonen zu Hause und führen dort das Interview durch. In manchen Fällen werden die Interviews nach bestimmten Quotenvorgaben durchgeführt. Dieses Verfahren ist allerdings problematisch, wenn die Ergebnisse repräsentativ für bestimmte Gruppen, z. B. die Bevölkerung, sein sollen.

Entwicklung des Fragebogens

Grundlage einer guten Umfrage ist neben der korrekten Stichprobe der Fragebogen, der in enger Absprache mit dem jeweiligen Kunden erstellt wird. Für jede Studie wird ein eigener Fragebogen erstellt, der sich aus dem jeweiligen Erkenntnisinteresse ergibt. Beim DeutschlandTREND dauert die Befragung ca. 10 Minuten und besteht aus zwei Kategorien von Fragen: Das Basisgerüst bilden Trendfragen, die in regelmäßigen Abständen erhoben werden und verdeutlichen, wie sich die Meinung der Bevölkerung in diesen Bereichen über die Zeit entwickelt hat. Hierzu gehört zum Beispiel die Sonntagsfrage, die Fragen nach der Zufriedenheit mit der Bundesregierung und der Opposition, die Direktwahlfrage usw. Die zweite Kategorie von Fragen greift aktuelle politische Entwicklungen auf, z. B. die Zustimmung oder Ablehnung zu den verschiedenen Sozialreformen der Agenda 2010, die Einstellung zur Erfassung von genetischen Fingerabdrücken oder zum Irak-Krieg.

Um eine gute Fragestellung zu formulieren, benötigt man handwerkliches Können, ein gutes Verständnis für Sprache sowie ein Gefühl dafür, welche Frageformulierung für die Befragten verständlich ist. Erschwerend kommt hinzu, dass die Erstellung des Fragebogens oft, speziell wenn die Umfrage für die Medien durchgeführt wird, unter großem zeitlichen Druck geschieht. Oft bleibt für die Formulierung einiger aktueller Fragen nur ein Zeitfenster von zwei bis drei Stunden.

Feldphase und Datenkontrolle

Sobald der Fragebogen mit dem Auftraggeber abgestimmt ist, findet die Programmierung des Fragebogens für die Computer-Arbeitplätze der Interviewer statt. Während des ersten Feldtages überwacht der Projektleiter stichprobenartig die ersten Interviews, um sicher zu gehen, dass der Fragebogen für die Befragten verständlich ist und bei der Programmierung keine Fehler passiert sind.

Nach der Feldzeit werden die Daten tabelliert, d.h. es werden die Ergebnisse für die Gesamtheit der Befragten sowie für verschiedene soziodemographische Untergruppen wie z. B. Männer, Frauen, Arbeiter usw. dargestellt. Die Tabellen werden ebenfalls kontrolliert und die Ergebnisse auf ihre logische Richtigkeit hin überprüft.

Auswertung

Nachdem die Tabellen überprüft wurden, findet die eigentliche Auswertung der Daten statt. Dabei geht es vor allem darum, die Ergebnisse vor dem Hintergrund der aktuellen politischen Situation darzustellen und zu interpretieren. Bei den Trendfragen ist natürlich der zeitliche Vergleich besonders interessant. Die schriftlich Analyse wird zusammen mit den Ergebnisgrafiken in einem Berichtsband zusammengefasst und an den Auftraggeber verschickt. Für die Präsentation der wichtigsten Ergebnisse in den ARD-Tagesthemen werden anschließend noch Fernsehgrafiken erzeugt.

Ein paar Stichpunkte zum Zeitablauf, um ein besseres Gefühl dafür zu bekommen, unter welchen Zeitdruck diese Studie durchgeführt wird: Der Fragebogen für den DeutschlandTREND wird am Montag mit dem Auftraggeber abgestimmt, die Erhebung findet Montag bis Mittwoch statt, die Analyse wird Donnerstag Vormittag an den Kunden geschickt und Donnerstag Abend werden die wichtigsten Ergebnisse in den ARD-Tagesthemen veröffentlicht.

Qualitative Forschung – Gruppendiskussionen

Bei der qualitativen Forschung geht es darum, anhand eines locker strukturierten Gesprächs Aufschluss darüber zu gewinnen, wie bestimmte Personengruppen denken und was die Grundlagen für ihre Einstellungen sind. Die in der Politikforschung am weitesten verbreitete Form der qualitativen Forschung sind Gruppendiskussionen, sogenannte Fokusgruppen.

Bei Gruppendiskussionen führt ein Moderator eine strukturierte Diskussion mit sieben bis neun Teilnehmern. Der Inhalt der Gruppendiskussion orientiert sich an einem vorher ausgearbeiteten Leitfaden und dauert anderthalb bis zwei Stunden. Ziel der Gruppendiskussion ist es, ein besseres Verständnis für das „warum" zu entwickeln und den Befragten dabei möglichst viel Freiraum zu lassen, damit sie es selbst mit ihren eigenen Worten ausdrücken können.

Auswahl des Studios und Rekrutierung der Teilnehmer

In der Regel wird die Organisation der Gruppendiskussion an ein externes Studio delegiert, welches sich auf die Durchführung von solchen Diskussionsrunden spezialisiert hat. Dieses Studio übernimmt dann die Rekrutierung der Teilnehmer und stellt die Räumlichkeiten für die Diskussionsrunde zur Verfügung. Die Zusammensetzung der Teilnehmer hängt vom jeweiligen Untersuchungsgegenstand ab und wird dem Studio genau mitgeteilt. Zur Vorbereitung von Wahlkämpfen werden z. B. oft Anhänger der eigenen Partei sowie noch unentschiedene Wähler eingeladen.

Erstellung des Leitfadens

Der Gesprächsleitfaden entspricht dem Fragebogen einer Repräsentativerhebung. Wobei es sich bei dem Leitfaden nicht um standardisierte Fragen und Antwortmöglichkeiten handelt, sondern vielmehr nur Themen und Stichpunkte für die Diskussionsrunde aufgeführt sind. Die Teilnehmer sollen bei einer Gruppendiskussion gerade nicht zwischen bestimmten Antwortvorgaben auswählen, sondern ein Thema und ihre Meinung dazu in eigenen Worten beschreiben.

Bei der Erstellung des Leitfadens muss darauf geachtet werden, dass man sich dem Thema erst sehr allgemein nähert und dann langsam immer tiefer in die Diskussion einsteigt. Obwohl der Leitfaden allgemein gehalten ist, muss man sich doch schon bei der Erstellung des Leitfadens darüber im Klaren sein, wie lange ein bestimmter Aspekt des Themas diskutiert werden soll. Ansonsten besteht die Gefahr, dass man während der zwei Stunden nicht alle Aspekte ansprechen kann bzw. schon nach einer Stunde mit der Diskussion fertig ist.

Moderation

Bei der Moderation einer Gruppendiskussion kommt es erst einmal darauf an, zwischen den Teilnehmern eine angenehme Gesprächsatmosphäre zu erzeugen. Ohne eine angenehme Atmosphäre würden die Teilnehmer wenig über ihre Motive sprechen und der Erkenntnisgewinn der Diskussionsrunde wäre sehr gering. Neben der Fähigkeit, eine solche Atmosphäre zu schaffen, muss der Moderator mit dem zu diskutierenden Thema inhaltlich vertraut sein, d.h. er muss auch über den Leitfaden hinaus auf etwaige Nachfragen reagieren können.

Während der Moderation gilt es nun, den Leitfaden abzuarbeiten, auf Nachfragen einzugehen, und darauf zu achten, dass sich möglichst alle Teilnehmer aktiv an der Diskussion beteiligen.

Auswertung

Bevor die eigentliche Auswertung beginnt, wird der Inhalt der Diskussionsrunde meist komplett transkribiert. Eine ca. zweistündige Gruppendiskussion umfasst ungefähr 40 Seiten Text. Aufgrund dieser enormen Fülle von Informationen, die man nicht durch tabellarische Darstellung zusammenfassen kann, ist die Auswertung einer oder mehrerer Gruppendiskussionen in der Regel deutlich aufwendiger als die Auswertung einer Repräsentativerhebung. Die Ergebnisse der verschiedenen Diskussionsrunden stehen nebeneinander und es gilt bei der Analyse Parallelen bzw. Unterschiede zwischen den Diskussionsrunden zu finden. Die Ergebnisse werden dann in einem Bericht zusammengefasst und in der Regel zusammen mit Zitaten aus den Gruppendiskussionen beim Kunden präsentiert.

Die Dauer für die Durchführung und Analyse von Gruppendiskussionen hängt stark von der Anzahl der Gesprächsrunden ab. Normalerweise benötigt man für die Durchführung und Auswertung von vier Diskussionsrunden ca. vier bis fünf Wochen. Dies beinhaltet eine Woche für die externen Studios, um die Teilnehmer zu rekrutieren, drei bis vier Tage für die Durchführung der Gruppendiskussionen, weitere vier Tage für die Transkription der Gespräche und etwa zwei bis drei Wochen für die Auswertung.

Positives und Negatives aus dem Alltag

Das faszinierende an der Meinungsforschung ist in meinen Augen, dass man sich ganz eng am Puls der Zeit bewegt. Hierdurch lernt man ständig die Einstellung der Befragten zu den aktuellen Themen und Problemen kennen. Dies trifft natürlich in besonderem Maße zu, wenn man zu einem Thema sowohl qualitative Vorstudien als auch eine größere Repräsentativerhebung durchführen kann.

Es ist natürlich auch aufregend, wenn man sieht, dass sich im Vorfeld von Wahlen die Wahlkampfstrategie zum Teil auf Umfragen stützt und es manchmal gelingt, durch Umfrageforschung auf zentrale Schwierigkeiten hinzuweisen und damit einen Teil zum Wahlerfolg beizutragen.

Neben aller Aufregung ist Meinungsforschung aber hauptsächlich etwas für Personen, die sich für Zahlen interessieren und die gerne den ganzen Tag am Schreibtisch sitzen und sich mit Fragebögen bzw. mit Tabellen auseinandersetzen. Es gibt zwar bei der Abstimmung des Fragebogens oder bei der Präsentation der Ergebnisse immer wieder Kontakt mit dem Kunden, der Großteil der Arbeit findet aber alleine am Schreibtisch bzw. vor dem Computer statt.

Einstieg in den Job

Die meisten Meinungsforscher haben einen sozialwissenschaftlich geprägten Studienhintergrund. Sie haben oft Politikwissenschaft oder Soziologie studiert und sich dabei auch intensiv mit den Methoden der empirischen Sozialforschung vertraut gemacht. Diese Studienkombination ist als Grundlage für die spätere Arbeit in diesem Bereich sehr sinnvoll, da man in zweifacher Hinsicht über gutes Hintergrundwissen verfügt: Man kennt die verschiedenen theoretischen Ansätze zum Wahlverhalten und man verfügt über Grundkenntnisse der Statistik, d.h. man hat sich mit der Wahrscheinlichkeitsrechnung auseinandergesetzt und im Idealfall bereits einen Fragebogen entwickelt und selbst Daten analysiert.

Der theoretische Hintergrund des Studiums ist wichtig, gibt aber natürlich wenig Aufschluss darüber, wie der Arbeitsalltag wirklich aussieht und ob die tägliche Routine den eigenen Vorstellungen entspricht. Die beste Möglichkeit dies herauszufinden, bietet ein mehrmonatiges Praktikum bei einem Meinungsforschungsinstitut, das politische Umfragen durchführt.

Anmerkungen & Literatur

Infratest dimap gehört wie TNS Infratest Sozialforschung zur TNS Infratest Gruppe

www.adm-ev.de, www.bvm.org

Die Ergebnisse des DeutschlandTREND sind auf www.infratest-dimap.de archiviert.

Alexander Mauß
arbeitet seit September 2001 als Projektleiter Politikforschung bei TNS Infratest Sozialforschung, Berlin. Er war Mitarbeiter der SPD-Landtagswahlkampfzentrale in Stuttgart 2001, zuvor Analyst der Politikforschungs- und Politikberatungsgesellschaft Cooper & Secrest, Washington. Als Project Director der Medienberatung Jennifer Laszlo & Associates, Inc., Washington, betreute er vorrangig Wahlkämpfe in Österreich. Studium der Sozialwissenschaften an der Georg-August-Universität Göttingen. Absolvent der Graduate School of Political Management der George Washington University, Washington. Kontakt: alexander.mauss@tns-infratest.com

Die Kampagne geht weiter: online!

von Frank Wernecke

Was treiben eigentlich Internet-Campaigner oder besser gefragt, was bedeutet dieser Begriff tatsächlich? Lässt sich für die meisten Menschen noch relativ leicht erahnen, womit PR- und Werbeagenturen ihr Geld verdienen, ist dies bei Internet-Campaignern schon schwieriger. Zudem stellt sich in diesem Zusammenhang – bedingt durch die kurze, dafür aber wechselhafte Historie – häufig die spannende Frage, ob diese Internet-Akteure überhaupt Geld verdienen oder vielleicht doch eher dem Non-Profit-Segment zuzuordnen sind.

Um es abzukürzen: Internet-Campaigner sind ganz einfach das, was umgangssprachlich Internet-Agentur genannt wird. Die Branche versieht den eigenen Berufsstand jedoch gern mit hochtrabenden Begriffen, die vom Wortungetüm E-Business-Enabler bis hin zur fast schon klassischen Multimedia-Agentur reichen. Ein Internet-Campaigner im Umfeld der Politikberatung ist mithin eine Agentur, die sich auf Politikkommunikation mit oder in den so genannten Neuen Medien spezialisiert hat. Nur in Ausnahmefällen handelt es sich hierbei um eine abschließende Spezialisierung im Sinne einer marketingdeutschen Unique Selling Preposition. Die meisten Akteure betreiben die politische Kommunikation als Zusatzgeschäft und verdienen ihr Geld mit der Kommunikation ökonomischer Werte. Internet-Campaigning kann deshalb auch die hohe Kunst einer ordentlichen Brühwürfel-Kampagne umschreiben.

Um es noch etwas zu straffen, folgt hier kein Grundsatzreferat Internet-Campaigning. Dem Kreis interessierter Leserinnen und Leser sei hierzu der noch aktuelle Artikel meines Kollegen Juri Maier, „E-Campaigning – Die neue Wunderwaffe der politischen Kommunikation?" empfohlen. Erschienen ist dieser im Jahr 2004 in dem von Steffen Dagger, Christoph Greiner und Kirsten Leinert herausgegebenen Buch „Politikberatung in Deutschland". Mithin gibt es im Folgenden auch keine neuen Erleuchtungen zu Blogs, der gegenwärtigen V2 im virtuellen Kampf um politische Mehrheiten.

Die folgenden Zeilen richten sich an Menschen, die sowohl politisch als auch technisch interessiert sind. Menschen, die sich leidenschaftlich für die neuesten Produkte der CeBIT interessieren und bei Kommunikation in erster Linie an E-Mail, SMS und Instant Messaging denken. Und davon ist bei den Leserinnen und Lesern dieser Publikation auszugehen, an Menschen, die sich durch ein überdurchschnittliches politisches Interesse auszeichnen.

Welche Rolle spielt eine Internet-Agentur im Potpourri politikberatender Agenturen? Im Gegensatz zur Marken- und Produktkommunikation nach wie vor eine ausnehmend geringe. Die Marketingfachleute der meisten Produkthersteller und Dienstleister haben die Bedeutung der Online-Kommunikation mittlerweile erkannt und arbeiten kontinuierlich an der Optimierung dessen, was im Marketing als „Integrierte Kommunikation" bezeichnet wird. In der Folge wachsen fast schon natürlicherweise Einfluss und Bedeutung der Internet-Spezialistinnen und -Spezialisten. Nicht so in der Politikkommunikation. Hier kommt der große Wurf oder besser gesagt die Strategie in aller Regel aus dem angeschlossenen Think-Tank einer PR- oder Werbeagentur. Und getreu dem Verursacherprinzip fällt die größte Bedeutung und dementsprechend die voluminöseste Ausgabenposition wiederum in deren Bereiche. Dies lässt sich leicht an der Unzahl mehr oder minder gelungener Plakate, Anzeigen und Events zu politischen Themen erkennen. Die Internet-Agenturen stehen in diesem Kontext am Ende der Wertschöpfungskette und müssen sich in den meisten Fällen mit althergebrachten Verrichtungen wie der Entwicklung einfacher Websites begnügen, die mehrheitlich weit hinter dem bleiben, was technisch und politisch machbar wäre. Nicht zu vergessen ist natürlich auch die Einrichtung des mittlerweile obligatorischen Newsletters, der in Aufmachung und Auswertung den professionellen Pendants zumeist nicht das Wasser reichen kann.

Woran das liegt? Hierfür lassen sich holzschnittartig drei Gründe formulieren. Zu allererst hinkt die politische Kommunikation seit jeher den Trends der Wirtschaftskommunikation in der Regel um Monate, wenn nicht um Jahre hinterher. Weiterhin ist es eine profane Frage des Geldes. In den meisten Fällen entspricht das Jahresbudget für Online-Kommunikation eines starken politischen Akteurs ungefähr dem Budgetvolumen, welches ein Unternehmen regelmäßig für kurzfristige Produktkampagnen ausgibt. Und last not least leidet professionelle Politikkommunikation oft darunter, dass es auf Seiten der Kundin oder des Kunden nur in den wenigsten Fällen einen Kommunikationsprofi als entscheidungsbefugte Ansprechpartnerin bzw. dementsprechenden Ansprechpartner gibt. Vielmehr herrscht ein fröhliches Durcheinander der Befugnisse und Kompetenzen, welches sich zumeist darin manifestiert, dass ein unterschwelliges Bewusstsein herrscht, sowieso alles besser zu können. Dementsprechend ist die Offenheit für Beratung vielfach schwach ausgeprägt und eher durch ausgeprägte Beratungsresistenz gekennzeichnet.

Summa summarum besteht die Hauptaufgabe einer Internet-Agentur bzw. ihrer Beraterinnen und Berater darin, das Beste aus wenig Geld zu machen und Kunden sowie Partner kontinuierlich anzutreiben, beim nächsten mal, was Neues zu wagen – gemäß dem Motto „steter Tropfen höhlt den Stein".

Mithin gilt es eine Politik der kleinen Schritte zu verfolgen, wenn ein Verlassen der klassischen Online-Kommunikationspfade angestrebt wird. Oder anders ausgedrückt, wenn die Leidenschaft für das technisch Machbare groß genug ist, um der täglichen Versuchung der Selbstbeschränkung zu widerstehen. Eine Selbstbeschränkung deren positive Folgen darin liegen, ordentliche Umsätze durch Lösungen von der Stange zu generieren. Allerdings darf auch hierbei nie aus den Augen verloren werden, dass gute Beratung eine Kombination von solidem Handwerk und gutem Gespür für neue Trends ist. Solides Handwerk bedeutet beispielsweise nicht mehr und nicht weniger, als eine klassische Kampagnenwebsite schnell und zuverlässig auf die Beine stellen zu können. Das reicht von einer professionellen Konzeption über die zielgruppengerechte Gestaltung bis zur soliden technischen Plattform, die für Betreibende und Nutzende leicht bedienbar sein muss. Hierzu gehört aber auch vermeintlich Selbstverständliches wie eine leicht verständliche und korrekte Sprache, barrierefreie Zugänglichkeit für alle gesellschaftlichen Gruppen und juristische Grundkenntnisse, die insbesondere bei jedweder Art von direkter Kommunikation Fehler vermeiden helfen.

Besteht trotz der bisherigen Ausführungen das Interesse an einer Beschäftigung in einer Internet-Agentur weiter, ist zunächst zu klären, welche Beschäftigungsfelder überhaupt angeboten werden. Auch wenn sich die Unternehmen im Detail unterscheiden, lassen sich grundsätzlich vier Tätigkeitsfelder definieren. Account- und/oder Projektmanagement, Konzeption bzw. Informationsarchitektur, Design und Technik. Die beiden Letztgenannten müssen an dieser Stelle wohl nicht näher betrachtet werden, da die entsprechende Ausbildung der Natur der Sache entsprechend auf „handwerkliche" Kenntnisse fokussieren muss. Mit Blick auf das Thema Politikberatung verbleiben somit die beiden erstgenannten als Arbeitsfelder für eine potentielle Berufslaufbahn.

Kurz umrissen, befasst sich die Konzeption mit der Struktur und dem Aufbau von Internetangeboten. Die Informationsarchitektin oder der Konzepter benötigen tiefgehende inhaltliche Kenntnisse, um die teilweise höchst komplexen politischen Themen mediengerecht aufzubereiten. Sie geben sowohl der Gestaltung als auch der Programmierung die Abläufe und Inhalte eines Internetangebots vor. Im Rahmen von Online-Kampagnen planen sie die entsprechenden Werbemittel und -inhalte, um bei der avisierten Zielgruppe die bestmögliche Aufmerksamkeit zu erreichen.

Accountmanagerinnen und Projektmanager sind diejenigen, welche intensiven Kontakt pflegen zu Kundinnen und Kunden, sie beraten und betreuen. Die Grenzen zwischen den Tätigkeitsfeldern sind fließend. Die Accountverantwortung bedeutet in der Regel eine höhere Verantwortung für die Weiterentwicklung des Kunden und das entsprechende Budget. Zu den Aufgaben und Verantwortungen einer Accountmanagerin bzw. eines Accountmanagers gehört die Präsentation der Agentur gegenüber den Neu- und Bestandskunden, der Auf- und Ausbau möglichst loyaler und langjähriger Kundenbeziehungen, Kalt- und Bestands-Akquisitionsaktivitäten, Überwachung der laufenden Projekte durch enge Abstimmung mit dem Projektbeteiligten sowie der Ausbau der Geschäfte innerhalb definierter Segmente. In der Konsequenz wird Accountmanagement in vielen Fällen auch mit Vertrieb gleichgesetzt. Bedingt durch die hohe finanzielle Verantwortung steht Accountmanagement daher auf der Karriereleiter als nächster Schritt der Weiterentwicklung nach dem Projektmanagement an. Womit wir bei der Tätigkeit wären, die letztlich der Dreh- und Angelpunkt eines jeden Projekts ist. Die Projektmanagerin und der Projektmanager sind für den ordnungsgemäßen und fristgerechten Ablauf eines Projekts vom ersten bis zum letzten Tag verantwortlich. „In time, in budget", wie das werblich so leicht bezeichnet wird. Eine enorme Verantwortung, die oft zur Folge hat, dass Projektmanagerinnen und Projektmanager diejenigen sind, die den längsten Arbeitstag in einer Agentur haben.

Die vorab skizzierten Tätigkeiten lassen vielleicht teilweise erahnen, wie viel Arbeit von allen Beteiligten in ein Projekt investiert werden muss. Grundsätzlich lässt sich festhalten, dass die Arbeitszeiten in Internetagenturen zumeist über der klassischen Vierzigstundenwoche anzusiedeln sind. In Projektspitzenzeiten sind die Stundenangaben in den Arbeitsverträgen generell eher Makulatur. Allerdings gibt es klare saisonale Schwankungen der Auslastung. Somit gibt es auch Zeiten in denen unter 40

Stunden gearbeitet werden kann. Letzten Endes ist die Ausgestaltung der individuellen Arbeitszeit gerade in kleinen Unternehmen oft vom Verhältnis zwischen Geschäftsleitung und Team abhängig. Finanziell sind die Gehaltsstrukturen solide aber nicht berauschend. Empfohlen sei an dieser Stelle, eine wie auch immer geartete Beteiligung am Unternehmensgewinn. Entlohnt wird allerdings auf eine sehr angenehme andere Art und Weise: wer die übernommenen Aufgaben überdurchschnittlich gut und verlässlich zum Abschluss bringt, hat auch gute Chancen auf eine überdurchschnittlich schnelle Karriere. Mithin lässt es sich so schneller und effektiver in Managementebenen vorstoßen, die sich in großen Institutionen und Unternehmen, wenn überhaupt, erst nach Dekaden erreichen lassen.

Ein weiterer, nicht unerheblicher Vorteil ist, dass mittelfristig der Bedarf an Personal steigen wird, das medienübergreifend denken und handeln kann. Ein Blick in die aktuellen Anforderungsprofile der auf Kundinnen und Kunden der Wirtschaft ausgerichteten Agenturen, gibt einen Hinweis darauf, welche Fähigkeiten zukünftig im Bereich multimedialer Politikkommunikation gefragt sein werden.

Gibt es einen klassischen Einstieg in die beschriebenen Tätigkeitsfelder? Bis dato ist diese Frage zu verneinen. Die drei zuletzt beschriebenen Berufsfelder eignen sich für Absolventinnen und Absolventen nahezu jedes Studiums. Wichtig ist primär schnelle Auffassungsgabe, interdisziplinäres Denken, Eigenverantwortung, Zuverlässigkeit und Selbstmotivation sowie ein ausgeprägtes technisches Verständnis. Besonders wichtig im Umfeld der politikberatenden Internet-Campaigner ist selbstverständlich ein profundes politisches Grundwissen sowie ein kontinuierliches Verfolgen des politischen Tagesgeschehens. Wer sich mit dem Gedanken trägt, in die Berufsfelder Account- und Projektmanagement einzusteigen, der- oder demjenigen sei hier aufs Wärmste empfohlen, sich intensiv mit finanziellem Grundwissen auszustatten. Alle Agenturen leben vom Geld, das ihre Projekte erwirtschaften. Ein Aspekt der Tätigkeit, der bei vielen manchmal in Vergessenheit gerät.

Zu guter letzt noch ein Tipp: Machen Sie sich selbst ein Bild! Bei ernsthaftem Interesse an einer Mitarbeit in einer Internet-Agentur ist der beste Schritt ein Praktikum, in dem selbst ungefiltert Erfahrungen gesammelt werden können. Vor allem ergibt sich so die Möglichkeit im Gespräch mit Kolleginnen und Kollegen herauszufinden, ob es sich um eine Tätigkeit handelt, die auf lange Sicht Freude macht. So gewöhnlich dies auch klingen mag, Spaß an der Arbeit ist die entscheidende Determinante für ein erfolgreiches Berufsleben – finanziell und emotional.

Frank Wernecke
ist einer von zwei Geschäftsführern und Eigentümern der wegewerk GmbH, einer Agentur für Politikkommunikation mit Schwerpunkt Online-Kommunikation. Frank Wernecke studierte Politikwissenschaft an der FU Berlin und in den USA an der Vanderbilt University. Bereits im Alter von 26 Jahren gründete er seine erste Kommunikationsagentur. Im Anschluss war er über fünf Jahre in führenden Positionen bei der Aperto AG im Scholz & Friends Network und bei der GFT Technologies AG tätig. In dieser Zeit arbeitete er u. a. für das Auswärtige Amt, die BfA, DaimlerChrysler Financial Services, Initiative Neue Soziale Marktwirtschaft, Deutsche Post, Tchibo und Mercedes-Benz. Kontakt: frank.wernecke@wegewerk.de

Psychologische Problemlösungen für die politische Praxis

von Jens Hendrik Maier

Ein großer, gut sortierter Werkzeugkoffer mit Tools, die für konkrete Aufgaben immer neu zusammengestellt werden; ein Werkzeugkoffer, in dem sich nicht jeder auskennt und dessen Möglichkeiten nur wenig bekannt sind.

Etwa so kann man sich Potential wie aktuelles Standing psychologischer Politikberatung vorstellen.

Dabei hält die Psychologie als Wissenschaft und Praxisfeld konkrete Problemlösungen für sehr unterschiedliche Felder menschlichen Mit-, Neben- und manchmal auch Gegeneinanders bereit. Diese sind natürlich auch im Orbit der Politikberatung wertvoll. Nur: Wer weiß schon davon?

Wie manch anderer Anwendungsbereich der Psychologie „leidet" auch das Feld der Politischen Psychologie darunter, dass viele potentielle Kunden und Nutznießer beim Stichwort Psychologie unsicher und skeptisch reagieren, sich ungefragt „analysiert" oder durch Geheimwissen bedroht fühlen. Häufig wird der Psychologe noch immer als Seelenklempner angesehen, der vor allem einem Individuum helfen kann. Dass die moderne Psychologie heute in komplexen sozialen und organisationellen Settings gerade auch auf der Gruppen- und Intergruppenebene erfolgreich und effizient berät und präzise Problemlösungen entwickelt, ist eine zentrale Vermittlungsaufgabe nicht nur für die psychologische Berufspolitik, sondern für Sie als Anbieter psychologischer Dienstleistungen.

Diese Dienstleistungen, die Sie als psychologisch qualifizierter Politikberater in Ihrer täglichen Arbeit realisieren, stehen in Konkurrenz zu vielfältigsten Angeboten der bunten Beratungsbranche. Sie müssen Ihre Perspektive positionieren, Sie müssen zeigen, worin der spezifische Nutzen und Mehrwert Ihres Engagements für einen konkreten Kunden liegt. Sie müssen beweisen, dass Sie

- sich die Interessen Ihrer Kunden aneignen können,

- Probleme in komplexen Systemzusammenhängen erkennen, strukturieren und definieren können,

- Lösungsentwürfe entwickeln, die exakten Kriterien entsprechen und alle relevanten Personen miteinbeziehen,

- Lösungen unter Einbezug verschiedenster Techniken implementieren und

- erreichte Veränderungen so in bestehende strukturelle und prozessuale Kontexte integrieren, dass sie über Ihren Tätigkeitszeitraum hinaus eine dauerhafte Wirkung entfalten.

Politikberatung aus psychologischer Perspektive ist gekennzeichnet durch die Adressierung oftmals sich widersprechender Anforderungen in komplexen Umwelten. Den hierfür minimal nötigen theoretischen Background skizziert der folgende Abschnitt. Konkrete Themen und Methoden psychologischer Politikberatung birgt der dritte Teil. Hier wie im vierten Abschnitt wird gezeigt, wie die Praxis Politischer Psychologie heute aussieht und wohin sie sich, besser: wohin Sie sie in Zukunft entwickeln können, wo ihr Reiz liegt und welche besonderen „Problemzonen" Sie erwarten.

Wozu Psychologie? Grundlegende Einsichten für eine professionelle Beratung

„Zielgenaue Problemlösungen", „Dienstleistungsperspektive", „komplexe Systemumwelten" – der übliche Business-Talk für die professionelle Kompetenzaura? Sicher nicht. Wer psychologische Beratungspraxis als rationales Handeln betreiben, wer Interessen und Ziele, Mittel und Wege ressourcenorientiert und effektiv verbinden möchte, braucht die grundlegende Fertigkeit, wissenschaftliche Informationen zu beschaffen, zu bewerten und zu nutzen. Hierzu ist ein breites Wissen der psychologischen Grundlagen- und Anwendungsforschung nötig. Als Brainworker ist Ihr fachlich-systematisches Denken das Grundkapital, welches Sie für Ihre Projekte aktualisieren und elaborieren, für das Sie bezahlt werden. Das bedeutet, sich in die Lage zu versetzen, spezifische Wissensquellen zu evaluieren und zeitökonomisch anzuzapfen.

Selbstredend ist alles Expertentum wertlos, wenn die Kommunikation mit Kollegen und Kunden nicht funktioniert. Insbesondere in multiprofessionellen Teams, die heute nicht wenige Projekte ausmachen, ist es essentiell, über Berufs- und Experten-/Laiengrenzen hinaus präzise und voraussetzungsarm zu kommunizieren. Sie als psychologischer Berater, als das Tröpfchen Öl für den manchmal stotternden Motor der Kooperation, sind hier besonders qualifiziert.

Von der Unmöglichkeit, nicht zu kommunizieren sind es nur wenige Schritte zum eigentlichen Kompetenzkern eines psychologischen Politikberaters. Dieser liegt nicht auf der rational-wissenschaftlichen Ebene. Der fachlich-inhaltliche State-of-the-Art darf – die altgediente Begrifflichkeit möge dies verdeutlichen – als notwendige Bedingung für eine nachgefragte psychologische Dienstleistung verstanden werden. Hinreichend hingegen ist erst ein Kompetenzbündel, das ich (für die hiesige Darstellung, und nur für diese) als psychologische Systemperspektive bezeichnen möchte.

Hierunter ist ein fachlich-inhaltlich angereichertes sozial-emotionales Erfahrungswissen zu verstehen, das eine Perspektivik öffnet, quasi eine professionelle Brille anbietet. Diese Perspektivik entspringt keiner Theorieschule, ist weder geschlossen noch geheim, sondern entsteht durch eine langjährige Beschäftigung mit psychologischen Themen und durch intensiv reflektierte Praxis. Sie lässt Sie Regeln und Phänomene des menschlichen Erlebens, Fühlens und Handelns erkennen und verstehen, und zwar derart, dass Sie aus dem Verstehen eine Erklärung ableiten können, die Sie wiederum zu einer Prognose zukünftigen Handelns führt, ergo dieses zu gestalten erlaubt. Emotionale Stabilität und Unabhängigkeit, ebenso die Fähigkeit, menschliches Verhalten wertneutral zu verstehen, bilden das Fundament guter psychologischer Praxis.

Wesentlich hieran: Veränderung infolge Verstehens braucht professionelle Distanz, braucht immer eine nüchterne Analyse. Die allerdings bezieht sich vor allem auf die

„heißen" Ebenen menschlicher Interaktion: dominante Bedürfnisse, kollektive Stimmungen, beschränkte und potentielle Fertigkeiten, biografisch funktionale Selbst- und Fremdbilder, Wirksamkeitserwartungen, Stereotype, Selbstwertdienlichkeit, Träume und Wünsche, Zu- und Abneigungen, Macht und Missbrauch, Kreativität und Verantwortung.

Die nüchtern-heiße Analyse betrachtet aber niemals nur einen Menschen, sie betrachtet immer das relevante soziale und gesellschaftliche System, in dem der Einzelne sich bewegt und welches ihn bewegt. Der psychologisch geschulte Blick auf Individuen in ihren sozialen Systembezügen ist die Basis, der professionelle Hintergrund für die Entwicklung marktfähiger Dienstleistungen, die sich verschiedenster Methoden der Beratung bedient.

Themen und Methoden psychologischer Beratung – Ihr Know-How für die Politik

Psychologische Politikberatung wendet psychologische Expertise auf konkrete Aufgabenstellungen im Bereich der Politik an. So vielfältig Potentiale und Probleme der unterschiedlichsten Sphären der Politik sind, so verschiedenartig sind auch die Angebote, die die Psychologie für die politische Beratung machen kann. Die folgende Vorstellung einiger Formen psychologischer Beratung für „die Politik" ist entsprechend exemplarisch, versucht aber einen Eindruck gängiger Anwendungsfälle zu vermitteln.

Wie bereits besprochen, ist die elementare Grundvoraussetzung für eine qualitativ hochwertige Beratung eine fundierte fachlich-universitäre Ausbildung im Rahmen eines Psychologiestudiums oder ein umfangreiches und kontinuierliches Nebenfachstudium. Die akademische Ausbildung vermittelt wesentliche Grundkenntnisse, die immer wieder um tätigkeitsrelevante Weiterqualifizierungen ergänzt werden müssen, beispielsweise zu Gesprächsführung, Mediationstechniken oder Krisenintervention. Eine reflektierte und supervidierte Praxiserfahrung wird Ihre Kompetenzen und Qualifizierungsbedürfnisse offenlegen und bildet so das Grundkapital Ihrer Dienstleistungen.

Dass Ihre Glaubwürdigkeit und Ihre Kompetenz mit der Einhaltung der ethischen Standards des Berufsstands einhergehen, muss nicht betont werden. Anders als sonstige beratende Berufe sind Psychologen auch per Gesetz zur Schweigepflicht und zum Schutz der Daten ihrer Kunden verpflichtet.

Einen expliziten Hinweis verdient hingegen die berufsprofessionelle Verpflichtung, die Grenzen psychologischer Beratung nicht nur zu kennen, sondern sie auch selbstkritisch und unabhängig von Ihren Interessen anzuwenden. Ihre Leistung beinhaltet auch die Bewertung und Kommunikation der Nichtrealisierbarkeit von Beratungszielen. Zudem sollten Sie erkennen, wann die Notwendigkeit der Vermittlung bzw. Hinzuziehung eines spezialisierten Kollegen besteht – nicht nur in persönlichen Krisensituationen eines Kunden.

Themengebiet Personal

Wesentliche Themen des politischen Psychologen entstehen aus den Anforderungen, Umsetzungen und Folgen politischer Arbeit von Menschen für unterschiedlichste Organisationen.

Einen klassischen und klaren Fokus hierin findet das Thema Personal. Das Wissen um die Möglichkeiten und Techniken der Personalauswahl, Personalbewertung und Personalentwicklung ist als Handwerkszeug unabdingbar, wenn es um die Entwicklung einer Gesamtorganisation geht. Selbstverständlich wird in politischen Organisationen nicht die objektive Eignungsdiagnostik als Hauptkriterium für Personalentscheidungen herangezogen. Dennoch können Sie situative Auswahlverfahren, bspw. Bewerberkonferenzen oder organisationsinterne Wahlen, kommunikativ vorbereiten helfen, indem Sie Entscheidungskriterien explizieren und Meinungs- und Interessenskonstellationen eruieren und vermitteln. Die Berücksichtigung der strategischen Ziele beispielsweise eines Gewerkschaftsverbands wird dabei auf die interne Kultur und Kommunikation rekurrieren und diese beeinflussen.

Themengebiet Qualifizierung und Bildung

Mit der Bestimmung von Anforderungsprofilen aus Organisationszielen und Arbeitsaufgaben ist die Ableitung des Qualifikations- und Bildungsbedarfs eng verbunden. Dieser bezieht sich je nach Organisation auf die unterschiedlichsten Gebiete. Eine zeitgemäße Perspektive menschlicher Arbeitstätigkeit fußt auf der Einsicht, dass jede Organisation nur so gut ist wie ihre Mitarbeiter. Deren fachliche Kompetenzen und Arbeitsmotivation zu fördern, ist daher eine wichtige Aufgabe. Sie werden Fortbildungsmaßnahmen zu den unterschiedlichsten Themen vorbereiten und durchführen. Häufige Fragen sind u. a.: Welche Bewältigungsstrategien können den Beschäftigten im Umgang mit beruflichem und privatem Stress helfen? Wie geht ein Individuum/eine Organisationseinheit mit Mobbing-Problemen um? Gibt es effektive Trainings zur Förderung der Kreativität von Arbeitsgruppen?

Themengebiet Team und Kommunikation

Gerade für die Effizienz projektbezogener, mitunter auch räumlich entfernter Arbeitsgruppen ist eine überlegte Arbeitsorganisation von besonderer Bedeutung. Gerade bei zeitlich begrenztem Teamwork in konkurrenzgeprägten Umwelten reduzieren psychologische Gestaltungsmaßnahmen die Systemkomplexität und optimieren so die täglichen Arbeitsabläufe. Relevante Fragen sind hier etwa: Welche Konfliktlösungsregeln werden von welchen Gruppenmitgliedern befürwortet und genutzt? Wer kommuniziert wann mit wem, wer entscheidet, wer setzt Entscheidungen intern und extern um? Welche Personen und Gremien sind hierbei zu koordinieren, welche Interessen zu berücksichtigen? Bedarfsgerechte Trainings, Workshops etc., beispielsweise für Wahlkampfteams, fördern soziale und kommunikative Kompetenzen, klären Zuständigkeiten, präzisieren Arbeitsaufgaben und stellen eine kontinuierliche Teamentwicklung sicher.

Themengebiet Coaching

Die bisherigen Ausführungen haben Arbeitsgebiete aufgezeigt, wie sie nicht nur in politischen Organisationen, sondern generell in Arbeitszusammenhängen auftreten, seien diese profit- oder ideenorientiert. Mehr auf individueller Ebene liegen psychologische Tätigkeitsfelder, die sich Beratung und Coaching eines Einzelnen widmen. Als persönlicher Coach unterstützen Sie Ihren Kunden bei der Erreichung seiner Ziele. Dies impliziert Diagnostik und Veränderung optimierbaren Erlebens, Denkens und Handelns. Das Effizienzkriterium hierbei ist die realisierte Leistung bzw. die Bewertung der Leistung durch den Kunden. Diese können Sie mit vielerlei Angeboten positiv beeinflussen, sei es durch Zeitmanagement- oder Stressbewältigungstechniken, sei es durch Entspannungsverfahren, sei es durch die Erarbeitung von Entscheidungskompetenzen oder per Vermittlung subjektiver Entscheidungssicherheit in komplexen Situationen.

Themengebiet Karriereberatung

Politisch ambitionierte Personen werden mit Fragen an Sie herantreten wie beispielsweise: Welche Führungsqualitäten habe ich? Welche Führungsaufgaben muss, kann und will ich übernehmen? Kann ich zieladäquat kommunizieren? Wie wirke ich überhaupt auf meine Zuhörer? Was sagt meine nonverbale Kommunikation über mich aus, wie kann ich sie für eine bestimmte Situation, etwa einen TV-Auftritt, optimieren? Solche und viele andere Fragestellungen entstehen in persönlichen Beratungsbeziehungen, die Coach und Kunde eingehen und in denen es darum geht, dass Sie Ihren Klienten bei der Erreichung seiner Karriereziele mit den verschiedensten Mitteln unterstützen. Hierbei ist auf der Grundlage einer vertrauensvollen, akzeptierenden Haltung wichtig, Ihren Klienten zu gedanklich-rationaler Sicherheit und zu einem erfahrungstreuen und mittelfristig positiven emotionalen Selbst- und Fremderleben zu führen. Dieses ist Ausgangspunkt für die strategische Entwicklung spezifischer Kompetenzen, wenn es etwa darum geht, längerfristige Zielpläne auch gegen Widerstände und Hindernisse zu verfolgen.

Themengebiet psychosoziale Beratung

Eine vertrauensvolle Zusammenarbeit wird Sie auch mit Aufgaben in Berührung bringen, die gerne dem Feld der psychosozialen Beratung zugeschlagen werden. Durch die zentrale Stellung der Arbeit, durch Erfolg, Popularität und hohe Verantwortung können Probleme sozialer Desintegration entstehen, klassischerweise durch das Nichtvorhandensein eines privaten Freundeskreis oder durch eheliche und familiäre Konflikte. Hier sind Sie als psychologischer Berater für Probleme zuständig, die weder per Delegation noch per Rezept zu handhaben, aber für jeden Menschen von elementarer Bedeutung sind. Vergegenwärtigen Sie sich die existentielle Bedeutung, die Zuneigung, Geborgenheit und leistungsunabhängiges Akzeptiertwerden durch persönliche Bindungspartner für Sie selbst ausmachen. Führen Sie sich Ihre persönlichen Belastungs- und Grenzsituationen vor Augen, identifizieren Sie Ihre eigene Motivation für politisches Engagement – fühlen Sie sich ein in sich selbst, lernen Sie sich kennen, um einem anderen Menschen wirksame Unterstützung in dessen Welt anbieten zu können.

Mehr mit „hard skills" arbeitet ein anderes Aufgabengebiet der Politischen Psychologie, welches sich auf das umfangreiche Wissen der Kommunikationspsychologie stützt. Als integraler Bestandteil demokratisch verfasster politischer Organisationen und Institutionen ist politische Kommunikation omnipräsent. Gegenüber Experten anderer fachlicher Provenienz haben Sie hier den „Faktor Mensch" im Visier. Sie verbessern nicht nur interne Kommunikations- und Interaktionsprozesse einer Organisation, sondern gestalten externe Kommunikationsstrategien mit, indem Sie diese in einem inversen Prozess vom Rezipienten zurück zu den Urhebern führen. Ihr Wissen über zwischenmenschliche Kommunikationsprozesse (bspw. der Mitglieder einer bestimmten Zielgruppe einer bestimmten Botschaft) wird in der Formulierung von Kommunikationszielen und Zielerreichungsstrategien Gehör finden. Sie sind Experte für die Zielvariable Mensch, für sein Denken, Fühlen und Handeln. Dies gilt für Imagekampagnen gleichermaßen wie für Wahlkampfkommunikation. Indem Sie die Nutzung und Wirkung von Kommunikationsangeboten aus Rezipientenperspektive analysieren, können Sie Ihren Kollegen wertvolle Hinweise geben. Um nicht auf Details eingehen zu müssen, sei an dieser Stelle auf den umfangreichen Wissensbestand der Markt- und Werbepsychologie sowie der Kommunikationspsychologie verwiesen, den Sie kennen und zu nutzen verstehen sollten.

Themengebiet Medienpsychologie

Moderne Kommunikationsstrategien sind heute als Kampagnen konzipiert, die sich häufig verschiedener Medien bedienen. Grundlegende Kenntnisse der Medienpsychologie sind daher wertvoll, wenn Sie Platzierung, Nutzung und Wirkung bzw. Rezeption von Medieninhalten planen. Die Entwicklung und Kombination umfangreicher Medienangebote ist dabei ein hinsichtlich ihrer Wirksamkeit brisantes und mitunter modischen Tendenzen unterworfenes Feld, dem die Medienpsychologie Orientierung verleihen und zu Präzision verhelfen kann. Hierbei sind die Wissensbestände der Medien- und der Werbewirkungsforschung so zu integrieren, dass sie für relevante andere Fachexpertise fruchtbar bleiben und sich den jeweils spezifischen Kommunikationszielen unterordnen. Die Gestaltung von Dialogprozessen mit sog. Stakeholdern kann dabei genauso Element strategischer Kommunikation sein, wie Mitgliederkommunikation oder die Platzierung bestimmter Issues in bestimmten Medienkontexten.

Aktueller Beliebtheit erfreuen sich Medientrainings für politische Akteure, die ihre Selbstdarstellungspraktiken verbessern, überzeugender und authentischer wirken oder ihre rhetorischen Fähigkeiten schulen wollen. Auch in diesem Fall sind es natürlich vor allem psychologische Blickrichtungen und Arbeitsweisen, die Sie von Angeboten Ihrer Konkurrenz abheben. Es empfehlen sich je nach Bedarf Techniken wie Rollenspiele, Autosuggestions- und Entspannungsverfahren oder NLP (Neurolinguistisches Programmieren), um Selbsterfahrung zu intensivieren oder situative Souveränität aktualisieren zu lernen. Sie schaffen auch hier die persönlichen Grundlagen für eine positive Entwicklung Ihres Kunden.

Soll ich oder soll ich nicht? Psychologische Politikberatung als Beruf

Die obenstehenden Zeilen haben Ihnen Voraussetzungen, Themen und Methoden psychologischer Beratung „für die Politik" beispielhaft dargelegt. Hierbei fiel die Auswahl auf Felder, für die psychologische Sachkenntnis grundlegend und praxisrelevant anwendbar ist. Unterstützung aufgrund eines engen Vertrauensverhältnisses und langjähriger Zusammenarbeit (etwa in einer Partei), die Hinzuziehung in den persönlichen „engsten Beraterkreis" eines Spitzenpolitikers also, wurde hierbei nicht erörtert. Solches wie auch journalistisch gefasstes Ratgeben entsteht nicht primär auf der Basis eines psychologischen Dienstleistungsverständnisses als „facilitator".

Wenn Sie sich für eine Tätigkeit als Politischer Psychologe interessieren, erwartet Sie ein sehr weitgestecktes und sehr uneinheitliches Aufgabengebiet. Über die zu Beginn bereits genannten Anforderungen professioneller Art hinaus werden Sie sich auf einem Beratungsmarkt behaupten müssen, der sehr unübersichtlich ist. Je früher Sie daher ein persönliches Netzwerk beruflicher Kontakte aufbauen, desto besser. Nur so versetzen Sie sich in die Lage, den Mehrwert Ihrer Arbeit überhaupt deutlich machen zu können. Wer ruft schon einen Psychologen, wenn ein Projekt geplatzt ist oder die eigene politische Karriere stottert? Ihre Kontakte und Ihre Kompetenz müssen Sie daher so früh wie möglich an den relevanten Entwicklungsstufen anbieten, am Besten noch bevor es zu einem ernsten Problem oder Konflikt kommt.

Dies impliziert auf Seiten der Anforderungen an Sie zumindest kommunikative und strategische Fähigkeiten, Ihren Add-On den richtigen Menschen zur richtigen Zeit zu verkaufen. Sind sie freiberuflich als Berater tätig, wird ein Großteil Ihrer Zeit mit Gesprächen gefüllt sein, zumindest solange Sie nicht für ein bestimmtes Vorhaben engagiert wurden. Ist letzteres der Fall, sind die entsprechenden Tätigkeiten natürlich projektgebunden. Jedoch ist auch hier die Kommunikation von Informationen und Wissen allgegenwärtig, egal ob Sie ein Training konzipieren und durchführen (und evaluieren!), ob Sie in einer dyadischen Beraterbeziehung arbeiten oder mit Fragen politischen Marketings befasst sind.

Wie andere Politikberater auch werden Sie zeitlich und räumlich flexibel sein müssen, sich mit den aktuellen und zukünftigen Entwickungen Ihres Marktes auseinandersetzen und für transprofessionelle und internationale Kooperationen mit den entsprechenden Skills bereit stehen. Dass Sie mithilfe moderner Technologien arbeiten, bspw. Telefon- und E-Mail-Beratung sinnvoll einsetzen, ist selbstverständlich.

Wie bereits hinreichend betont wurde, ist eine Tätigkeit als psychologischer Politikberater kein einheitliches Feld. Der besondere Reiz der Politischen Psychologie liegt nicht nur darin, sich als Generalist immer neu zu spezialisieren, sondern auch in der Möglichkeit der Erschließung immer neuer Beratungsfelder. Über Arbeitszeiten und Einkommensmöglichkeiten lässt sich daher pauschal kaum eine Aussage treffen. Diese richten sich nach Engagement für bestimmte Kunden, sind also deutlichen Schwankungen unterworfen. Zeiten geringer Aufträge nutzt der freiberufliche Berater für Weiterbildungen, Supervision und Geschäftsentwicklung. Grundlegend zu beachten ist, dass die permanente Qualifizierungsnotwendigkeit Ihres Berufes mitunter einen immensen finanziellen Aufwand erfordert, so dass gerade in den ersten Berufsjahren die

Einkommenssituation eher bescheiden ist. Je nach Interessenschwerpunkt ist auch die zeit- und kostenintensive Ausbildung zum Psychologischen Psychotherapeuten angezeigt.

Neben Ihrer eigenen politischen Kontakte wird das Interesse für ein spezielles Gebiet der Psychologie mitbestimmen, wie Ihr Zugang zu einer Beratungstätigkeit aussieht. Sie können aus der Klinischen, aus der Wirtschafts- oder der Kommunikationspsychologie in die Politikberatung einsteigen und sich über Praktika bei entsprechenden Fachkollegen einen Zugang verschaffen. Ihre weitere berufliche Entwicklung wird dann wesentlich davon abhängen, wie Sie sich spezialisieren, wie Sie selbst Politische Psychologie praktizieren, wo Sie die Sinnhaftigkeit psychologischer Expertise verdeutlichen und beweisen wollen wie können.

Jens Hendrik Maier
ist freiberuflicher Psychologe in verschiedenen Anwendungsfeldern. Er studierte Psychologie, Kommunikations- und Politikwissenschaft in Berlin. Kontakt: j.h.m@gmx.net

Interessenvertretung für Global Player

von Dr. Klaus Willnow

Um dies gleich vorweg zu nehmen: Der Unternehmenslobbyist ist keine Person, die mit dem Geldkoffer umherreist, um mittels Geldspenden die Interessen seines Unternehmens bei der Politik geltend zu machen. Gerade im deutschsprachigen Raum herrscht oft noch das Klischee vor, Lobbyismus hänge mit Geldzahlungen zusammen. Dies ist ein gänzlich falscher Eindruck. Die nachfolgende Beschreibung ist ein Erfahrungsbericht mehrjähriger Tätigkeit als Lobbyist in Brüssel und Berlin, bei der nicht ein einziges Mal dieses Klischee auch nur ansatzweise zum Einsatz kam.

Die Tätigkeit als Lobbyist lässt sich allgemein als Interessenvertreter der Unternehmensziele im politischen Umfeld beschreiben. Das politische Umfeld umfasst hierbei sowohl die parlamentarischen Institutionen wie EU Parlament, nationales Parlament und Ländervertretungen als auch sämtliche behördlichen und verwaltungstechnischen Institutionen wie EU Kommission, Bundes- und Länderministerien. Aber auch der Politik angegliederte Institutionen wie die Europäische Investitionsbank oder die Europäische Umweltagentur sind in diesem Zusammenhang zu sehen.

Der Lobbyist bewegt sich (ganz abstrakt) in zwei zum Teil gänzlich unterschiedlichen Beziehungsgeflechten:

- das politische Umfeld, geprägt durch Gesellschaftsziele und parteipolitische Programme,

- das Unternehmensumfeld, geprägt durch Wettbewerb und betriebswirtschaftliche Anforderungen

Beide (Umfelder) lassen sich als zunächst unabhängige Welten beschreiben, die ihre eigene Komplexität und Wertvorstellung haben. Sie besitzen zudem auch einen anderen zeitlichen Rhythmus. Während das politische Umfeld durch Legislaturperioden und Wahlkämpfe geprägt ist, wird das unternehmerische Handeln durch Jahresbilanzen bestimmt. Je nach Unternehmen und Produkt kommen unterschiedliche zeitliche Strategien in Betracht, die z.T. sehr kurzfristig angelegt sind, bis hin zu langfristigen Strategien, die mehrere Dekaden umfassen können.

Dies zusammengenommen zeigt, dass die Ausgangssituation für das politische Umfeld einerseits und das Unternehmensumfeld andererseits in Bezug auf Zielsetzungen, Programme und zeitliche Abfolgen höchst unterschiedlich sein kann.

Ein Beispiel soll dies verdeutlichen: Im Rahmen der EU-Richtlinie für Altautos ist ein Stoffverbot für bestimmte Bleianwendungen von der Europäischen Kommission ausgesprochen worden. Technisch gesehen handelte es sich um z.T. hoch komplizierte chemische und elektrotechnische Anwendungen, die von diesem Stoffverbot betroffen waren. Das politisch Vorgehen war von dem Umweltgedanke motiviert, dass bestimmte, als gefährlich eingestufte Stoffe, nicht oder nur in ganz geringen Mengen in Umlauf gebracht werden durften.

Aus Unternehmenssicht betraf diese Regelung eine Vielzahl unterschiedlicher Produkte bis hin zur Veränderung ganzer Märkte. Diese Unternehmenssicht ist insofern geprägt durch Produktzyklen, Fertigungsprozesse und Absatzmärkte, die, je nach Anwendung, in gänzlich unterschiedlichen Zeitrhythmen ablaufen.

Für den Lobbyisten kam es nun darauf an, die unterschiedlichen Motivationen zu verstehen, aufzubereiten und eine möglichst große Schnittmenge der Interessenlagen zu finden. Ein Kompromiss konnte insofern erreicht werden, als dass für bestimmte Anwendungen Ausnahmeregelungen für eine gewisse Zeit definiert wurden. So blieb den Technikern Zeit, sich auf die geänderten Randbedingungen einzustellen. Auf der anderen Seite musste sich die politische Seite mit den wettbewerblichen Herausforderungen befassen, die eine solche Gesetzesänderung mit sich bringen kann. Denn häufig beeinflusst die EU Gesetzgebung nicht nur lokal (in der EU) die Gegebenheiten, sondern hat weltweite Auswirkungen.

Der Einfluss der Politik auf Unternehmensziele hat sich in letzter Zeit vor allem durch EU-Initiativen deutlich verstärkt. Dies hat dementsprechend auch zu einem Anstieg der Lobbying-Tätigkeit durch verschiedenste Institutionen, Interessengemeinschaften und Unternehmen geführt. Dies wird sich voraussichtlich in der nächsten Zeit noch weiter verstärken allein durch die Erweiterung auf 25 Mitgliedstaaten.

Arbeitsweise des Lobbyisten

Der Unternehmenslobbyist kann vereinfacht als Kommunikator zwischen den beiden unterschiedlichen Welten – Politik und Unternehmen – aufgefasst werden. Die politische Welt besitzt ihre ganz eigene Sprache, die es gilt in die Sprache der Unternehmenswelt und deren Ziele zu übersetzen. Genauso ist dies in umgekehrter Richtung der Fall. Die Sprache des Unternehmens ist meist nicht sofort verständlich in der politischen Welt. Neben betriebswirtschaftlichen Ausdrücken kommen oft technische und juristische Hintergründe hinzu, die es gilt, in die politische Sprache zu übersetzen.

Grundsätzlich lassen sich zwei Ausrichtungen für die methodische Inhaltsbewertung angeben:

• die Risikobewertung und

• die Chancenerkennung

Während das Lobbying aus Unternehmenssicht klassischerweise meist nur unter Risikobewertung gesehen wird, d.h. der Abwendung von Gefahren für das Geschäft hervorgerufen durch politische Entscheidungen, tritt zunehmend die Chancenerkennung in den Vordergrund. Hier geht man davon aus, dass bestimmte politische Vorgaben, sei es durch Richtlinien, Verordnungen oder Anweisungen, zu einer Ausweitung oder gar Neuerschließung eines Geschäftsfeldes führt. Wenn beispielsweise beim Schadstoffausstoß von Autos ein bestimmter Grenzwert vorgeschrieben ist, der nur durch neueste Technologie realisiert werden kann, verbessert dies die Marktchancen desjenigen, der bereits in diese Technologie investiert hat. Demgegenüber verschlechtert sich der Absatz für die herkömmliche, mit zu hohem Schadstoffausstoß verbundene Technik oder es verbietet sich sogar deren Verkauf.

Als ein Beispiel eines nahezu vollständig von der Politik abhängigen Marktes sei hier die staatliche Regelung bei den erneuerbaren Energien genannt. Die Solarindustrie in Deutschland feiert Jahr für Jahr die Steigerung ihres Absatzes aufgrund der staatlich garantierten Absatzpreisregelung. Eine Chancenerweiterung bestände sicherlich darin, wenn eine ähnliche Regelung auch Anwendung in anderen Ländern fände und damit zu zusätzlichen Absatzmärkten führte. Ein Risiko besteht jedoch darin, dass der Staat seine Garantieregelungen wieder fallen lässt und damit der Absatzmarkt wegen fehlender Preisstützung zusammenbricht.

Diese Beispiele verdeutlichen, dass die Themen, mit denen man sich als Lobbyist befasst, eine große Bandbreite besitzen können. Während die politischen Zusammenhänge aufbauend auf den legislativen Prozess der EU-Institutionen oder der nationalen Regierungen als bekannt vorausgesetzt werden, kommt es bei der Arbeitsweise verstärkt darauf an, die kritischen Punkte des speziellen Themas schnell und präzise zu analysieren, deren Wichtigkeit zu priorisieren – inhaltlich und zeitlich – und daraus Handlungsoptionen abzuleiten. Folglich lässt sich die Methodik, wie eine Interessenvertretung ablaufen kann, grundsätzlich in drei Abschnitte untergliedern:

1) Monitoring

Der erste Schritt einer Themenidentifikation besteht in der Aufnahme aller für das Unternehmen im engen und auch weiteren Sinne relevanten Themen. Es muss in einem ersten Filter festgestellt werden, ob und wenn ja wann politische Themen für die Geschäftsinteressen von Bedeutung sind. Je nach Geschäftsgrundlage und der Bedeutung der Politik für das Geschäft – als Beispiel seien die deutsche Nuklearindustrie und der Atomausstieg Deutschlands oder der Aufbau der europäischen Luftfahrtindustrie genannt – sind eine Vielzahl von politischen Initiativen in einem Monitoring Prozess zu beobachten. Diese erste Phase der Bearbeitung besitzt die größte Bandbreite an Themen mit der geringsten Bearbeitungstiefe.

2) Analyzing

Wenn durch Rückkopplung mit den Geschäftsinteressen und deren zeitlicher Relevanz feststeht, dass bestimmte Themen näher zu betrachten sind, erfolgt eine tiefere Beschäftigung mit einigen wenigen Themen. Es muss vor allem abgeschätzt werden, wie und in welchem Umfang sich bestimmte politische Themen auf die Geschäftsinteressen auswirken. Ferner ist zu bestimmen, wer als potentieller Wettbewerber oder als Partner in einer möglichen Diskussion auftreten wird.

Diese zweite Phase besitzt bereits eine erhöhte Bearbeitungstiefe, die beispielsweise durch Studien oder externe Beratung untermauert werden kann.

3) Lobbying

Die letzte Stufe der Interessenvertretung ist das eigentliche Lobbying, d.h. die aktive Teilnahme am politischen Prozess mit dem Ziel, die politischen Initiativen in seinem (Unternehmen) Sinne beeinflussen zu wollen. Aufgrund der Komplexität sowohl inhaltlicher als auch prozessbedingter Art, ist dies nur für ausgesuchte Themen möglich. Themen, die eine hohe Priorität aufgrund ihrer wirtschaftlichen Auswirkungen beim Unternehmen besitzen.

Ein zweiter Begriff, der als prägend für einen Lobbyisten zutrifft, ist die Tätigkeit als Netzwerker. Dies hängt natürlich eng mit der starken Ausrichtung auf Kommunikation zusammen. Das Zusammenbringen der richtigen Personen am richtigen Ort zur richtigen Zeit ist ein entscheidender Faktor für das erfolgreiche Vorgehen bei der Interessenvertretung. Denn eines zeigt sich auch hierbei: Zeit haben sowohl Politiker als auch Unternehmensvertreter nur wenig und die Ausgangssituationen ihres täglichen Geschäftes sind höchst unterschiedlich. Somit muss die Vorabinformation für beide Seiten so kurz aber auch so prägnant wie möglich aufbereitet sein.

Für eine Kommunikation in Richtung Politik heißt dies, dass das Anliegen des Unternehmens in der Art aufbereitet sein muss, wie es in die politische Agenda mit deren Sprache passt. Um die Aufmerksamkeit für ein Thema zu erzeugen, sollte das politische Umfeld analysiert werden. Passt das Anliegen in das politische Programm (inhaltlich, zeitlich)? Ist absehbar, ob eine Mehrheit für das Anliegen mobilisiert werden kann oder ist mit großer politischer Gegenwehr zu rechnen (wenn ja, von wem)?

Umgekehrt, ein Anliegen der Politik in Richtung Unternehmen sollte ebenfalls die Agenda des Adressaten berücksichtigen. Für die Aufbereitung politischer Initiativen ist es für die Politiker meist unumgänglich, Kontakt zu Unternehmen und Instituten aufzunehmen, um Fachinformation einzuholen. Hierbei kann der Lobbyist Hilfestellung leisten und dem Politiker sagen an wen er sich wenden sollte. Denn gerade dieser Dialog ist die Basis für eine offene und vertrauensfördernde Kommunikation. Nur durch einen Erfahrungsaustausch zwischen den Anforderungen der Politik (Öffentlichkeit) und der fachbezogenen, unternehmerischen Expertise lässt sich ein positives Verständnis für die jeweiligen Standpunkte herstellen. Die Schaffung dieses Vertrauensverhältnisses ist eine der wichtigsten Zielsetzungen des Lobbyisten.

Die Tätigkeit des Lobbyisten als Kommunikator und Netzwerker baut darauf auf, dass man über ein gut funktionierendes Netzwerk verfügt, welches sich über eine längere Zeit etabliert hat. Je breiter und vielschichtiger, desto einfacher lassen sich auch ad hoc Informationen einholen oder Treffen organisieren. Dieses Netzwerk ist jedoch nicht nur im politischen Umfeld zu sehen. Ein großer Prozentsatz der täglichen Arbeit besteht auch in der Netzwerkbildung und Informationseinholung im eigenen Unternehmen bzw. bei Verbänden, Instituten oder sonstigen Unternehmen. Lobbyisten, die als externe Berater für ein Unternehmen tätig sind, haben oft den Nachteil, dass sie zwar das politische Umfeld gut kennen und über ein breites (externes) Netzwerk verfügen, jedoch sind sie nicht in der Lage, Informationen für die Politik gezielt aus einem Unternehmen generieren können. Fehlendes Insight-Wissen führt zu Zeitverzug, falschen Ansprechpartnern oder fehlgeleiteten Informationsflüssen.

Lobbying als Berufswunsch

Es stellt sich natürlich oft die Frage, welche Qualitäten und Qualifikationen ein Lobbyist mitbringen sollte. Hier sollte man sich davon lösen, dass man Lobbying im Rahmen einer Ausbildung als Beruf erlernen kann.

Sicher, es gibt mittlerweile eine Reihe von Public Affairs-Agenturen, die das Handwerkszeug eines Lobbyisten als Einstiegshilfe oder auch als Weiterbildung per Seminar anbieten. Insofern ist aber zu unterscheiden, ob man sich als externer Berater – entweder als Selbständiger oder als Mitarbeiter eines Beratungsunternehmens – im Lobbying-Geschäft etablieren will, oder als interner Berater einer Firma oder eines Unternehmens die Lobbying-Tätigkeit ausübt. Beiden gemeinsam ist die Ausübung als Kommunikator und Netzwerker. Unterschiedlich wird es allerdings bei der Bewertung der Projekt- oder Themenbetreuung. Während externe Berater häufig nur projektspezifisch speziell für die Lobbying-Tätigkeit hinzugezogen werden, kommt es bei dem internen Berater wesentlich mehr auf Kontinuität einer „Kunden"-beziehung zur Politik an. Der Aufbau eines positiven Images durch gegenseitiges Vertrauen steht hierbei im Vordergrund. Dies setzt jedoch eine enge Bindung des Lobbyisten an das Unternehmen voraus, um glaubwürdig und damit erfolgreich mit der politischen Seite kommunizieren zu können.

Ein Lobbyist ist als Kommunikator oder Übersetzer zwischen der Unternehmenswelt und der politischen Welt stets gefordert, als Generalist möglichst breit ein Gespür für die Bedürfnisse der jeweiligen Seite aufzubringen. Qualitäten wie methodisches und strategisches Denken, Systematik, Offenheit, kommunikatives Verhalten und Kritikfähigkeit spielen eine wesentliche Rolle. Demgegenüber sind Fachqualifikationen auf der Politikseite wie Politologie, Geschichtswissenschaften oder Jura oder Fachqualifikationen auf der Unternehmensseite wie Ingenieurwesen, Chemie oder Betriebswirtschaft eher sekundär. Es hat sich sogar manches Mal gezeigt, dass ein zu großes Fachwissen in einem der genannten Gebiete sich kontraproduktiv auf die Gesprächskultur ausgewirkt hat. Der Lobbyist wird eher als der Generalist, der Vorbereiter von Entscheidungsprozessen gesehen, denn als Experte. Insofern ist es nicht verwunderlich, dass es viele Quereinsteiger bei den Lobbyisten gibt, die sich durch die genannten Qualitäten hervorgetan haben. Sprach- oder Naturwissenschaftler, Geographen oder Sozialpädagogen können genauso gut qualifiziert sein, wenn sie sich der Herausforderung des Arbeitens im politischen Umfeld stellen.

Studiengänge, die sich bereits in Teilen der Ausbildung mit den Zusammenhängen von politischen Entscheidungswegen auf nationaler und/oder EU-Ebene befassen, sind sicher vorteilhaft. Doch sollte nicht vergessen werden, dass zwischen Theorie und Praxis ein deutlicher Unterschied vorhanden ist. Empfehlenswert ist daher, sich schon frühzeitig um ein Praktikum bei den politischen Institutionen (EU/national), Verbänden, den Vertretungen der Bundesländer in Brüssel/Berlin oder Unternehmen zu kümmern. Erfahrungsgemäß sollte das Praktikum nicht kürzer als 6 Wochen dauern, um ausreichend Einblick und Gefühl für das Umfeld zu erhalten. Das Praktikum bei der Europäischen Kommission wird zweimal jährlich für je 5 Monate angeboten. Es dient vielen Praktikanten auch als Sprungbrett für anschließende Tätigkeiten im EU-Umfeld. Allerdings sind die Plätze sehr begehrt, sodass sich schon hier zeigt, wer sich als kommender Lobbyist bewähren kann. Gerade bei diesen EU Praktikastellen hat sich in der jüngsten Vergangenheit durch den Beitritt der osteuropäischen Länder gezeigt, dass Kandidaten für Praktika aus diesen Ländern mit z.T. bester Qualifikation und Mehrsprachigkeit sehr gute Chancen haben.

Wer sich für das EU-Umfeld interessiert, muss sich durch Mehrsprachigkeit auszeichnen. Gerade als Ersteinstieg wird hauptsächlich nach den Sprachkenntnissen entschieden, sodass hier eine Mehrsprachigkeit zwingend ist. Die Erstsprache ist Englisch (Kenntnisse in Wort und Schrift), daneben ist Französisch und eine weitere Fremdsprache wünschenswert.

Den Reiz des Lobbyisten macht sicher die Vielfältigkeit der Aufgaben und der rege Umgang mit Menschen aus. Wer sich in diesem Umfeld gepaart mit den europäischen Kulturen zurechtfindet, wird es sicher nicht bereuen, sich durch die Hürden der Ausbildung und der Unternehmenshierarchie hindurchgearbeitet zu haben.

Dr. Klaus Willnow
verantwortet die Kommunikation des Siemens Bereiches Power Generation am Standort Erlangen. Als Absolvent der Ruhr-Universität im Fachbereich Bauingenieurwesen und anschließender Promotion betätigte er sich einige Jahre im Projektmanagement der Siemens AG, Kraftwerksunion bevor er in das Siemens Verbindungsbüro Brüssel wechselte. Dort war er als Bereichsrepräsentant verantwortlich für die politische Kommunikation bei energie- und umweltpolitischen Themen, später vom Standort Berlin im dortigen Siemens Verbindungsbüro für die politische Kommunikation national und europäisch auf den genannten Themenfeldern mit aktiver Teilnahme an Fachveranstaltungen mit Vorträgen in den USA, Japan und verschiedenen europäischen Ländern. Kontakt: klaus.willnow@siemens.com

Verbände braucht das Land!

von Hermann Hofmann

Fast könnte man meinen, Karl Lauterbach geriete ins Schwärmen: „sehr professionell organisiert", „ausgezeichnete Lobbyqualität". So spricht der Kölner Gesundheitsökonom und wichtigste Berater von Gesundheitsministerin Ulla Schmidt über die politische Interessenvertretung der Pharmabranche. Aber die Anerkennung zollt er ihr nur widerwillig. Denn der (angebliche) Einfluss der Pharmabranche, die in Berlin von mittlerweile fünf Verbänden vertreten wird, ist ihm ein Dorn im Auge. Pharmalobbyisten „sprechen die Ministerien und einzelne Abgeordnete an", empört sich der Hochschullehrer, „veranstalten Parlamentarische Abende, um zu erklären, warum das eine oder andere Gesetz besser nicht oder anders kommen sollte".

Lang lebe das Klischee von den bösen Lobbyisten, organisiert in Verbänden, die alles tun, um Einzelinteressen durchzusetzen und dem Gemeinwohl zu schaden. Dazu wäre viel zu sagen aus dem Bereich der Theorie, beispielsweise der über den Pluralismus. Man könnte darüber reflektieren, wer bestimmt, was Gemeinwohl ist, und wie es entsteht. Aber darum geht es hier nicht. Es geht um Verbände; was sie sind, was sie wollen und was sie tun.

Im Deutsch der Lexika werden Verbände als Zusammenschluss von Personen mit gemeinsamen Interessen zur Verfolgung gemeinsamer Ziele bezeichnet. Politikwissenschaftler sprechen von einer auf Dauer angelegten Vereinigung, die – ohne politische Partei zu sein – sich darum bemüht, staatliche Entscheidungen in ihrem Sinne zu beeinflussen.

Über den Stellenwert organisierter Interessen im politischen Prozess kann man trefflich streiten, was auch damit zusammenhängt, dass man diesen Einfluss kaum messen oder in anderer Weise objektiv bewerten kann. Zur Geschichte der Verbände gehören teils heftige Debatten um ihre grundsätzliche Rolle. Im Guten spricht man von Verbänden als Garanten eines sinnvollen Informations- und Entscheidungsflusses zwischen Bürger und Staat; im Bösen hält man ihnen eine unzulässige Überwucherung staatlicher Entscheidungsabläufe vor, weil sie an den eigentlich legitimierten Entscheidungsträgern vorbei Politik machen. Von der „Herrschaft der Verbände" zur „Unregierbarkeit" sind Schlagworte einer in verschiedenen Varianten seit Jahrzehnten geführten Debatte über den Einfluss organisierter Interessen.

Rechtlicher Rahmen

Im Grundgesetz werden Verbände nicht explizit erwähnt. Sie gelten jedoch als Sonderfälle der Vereine und Gesellschaften des Artikels 9 und sind durch die Vereinigungs- und Koalitionsfreiheit rechtlich legitimiert. Auch im Bürgerlichen Gesetzbuch (BGB) taucht der Begriff Verband nicht auf. Da Verbände in der Regel die Rechtsform eines eingetragenen Vereins (e.V.) haben, sind die vereinsrechtlichen Bestimmungen des BGB anzuwenden. Danach sind eine Satzung und ein Vorstand, der von einer Mitgliederversammlung bestimmt wird, vorgeschrieben.

Historie

So einfach und klar die Gesetzeslage, so verschlungen und unübersichtlich die historische Entwicklung: Interessenverbände sind „Geschöpfe" des 19. Jahrhunderts, „Kinder" der Industrialisierung. Mit dem wirtschaftlichen und politischen Einigungsprozess der deutschen Länder – 1834 Deutscher Zollverein, 1871 Reichsgründung – erlebten die Interessenverbände ihren Aufschwung. Ihr politischer Einfluss wuchs in der Weimarer Republik, ehe die Machtergreifung durch die Nationalsozialisten 1933 die „Gleichschaltung" nach sich zog. Nach dem Zusammenbruch 1945 wurde in der Bundesrepublik das Verbändewesen komplett neu organisiert. Der Deutsche Industrie- und Handelstag wurde ins Leben gerufen, die Bundesvereinigung der Deutschen Arbeitgeberverbände (BDA) wurde gegründet. Schnell bildeten sich wieder Wirtschaftsverbände, deren Dachverband seit 1950 Bundesverband der Deutschen Industrie (BDI) heißt. Mit der deutschen Einigung 1990 hat sich die Zahl der Wirtschaftverbände und Kammern noch einmal deutlich erhöht. In der DDR waren wirtschaftliche Vereinigungen nicht zugelassen.

Nach Angaben der Deutschen Gesellschaft für Verbandsmanagement e.V. (DGVM) gibt es heute in Deutschland 13.491 Verbände (nicht zu verwechseln mit den rund 540.000 eingetragenen Vereinen). Zu den Verbänden zählen auch Kammern, Innungen und andere Körperschaften des öffentlichen Rechts. Geographisch gesehen, liegt der Schwerpunkt der deutschen Verbändeszene entlang der Rheinschiene, also von Düsseldorf bis ins Rhein-Main-Gebiet. Das hängt zusammen mit dem politisch-industriellen Kraftzentrum der „alten" Bundesrepublik. Mit der Wiedervereinigung, vor allem aber mit dem Umzug von Parlament und Regierung (hier zumindest der Leitungsebenen) nach Berlin, verschiebt sich dieses Bild gen Osten: In Berlin haben heute knapp 1.100 Verbände ihren Sitz, die Zahl der Verbindungsbüros übersteigt dies um ein Mehrfaches. Und die Sogwirkung der Spree-Metropole hält an: Viele Verbände, die noch entlang der Rheinschiene ihren Hauptsitz haben, diskutieren über einen Umzug. Diese Debatte dürfte dann noch einmal an Fahrt gewinnen, wenn auch die so genannten Arbeitsebenen weiterer Ministerien von Bonn nach Berlin verlegt werden sollten.

Handlungsfelder

Im Allgemeinen wird das Verbändespektrum in fünf Handlungsfelder aufgeschlüsselt: Wirtschaft und Arbeit (Branchenverbände, Industrie-, Handels- und Handwerkskammern, Arbeitgeberverbände, Gewerkschaften, Berufsverbände), Gesundheit und Soziales (Kriegsfolgen- und Beschädigtenverbände, Wohlfahrtsverbände, Kinderschutzbund, Selbsthilfegruppen etc.), Gesellschaft und Politik (public interest groups wie Verbraucherschutzverbände, Umwelt- und Naturschutzverbände, Menschenrechtsorganisationen, Verbände der Gebietskörperschaften wie Deutscher Städte- und Gemeindebund), Bildung, Wissenschaft, Kultur, Religion (Kirchen und andere Religionsgemeinschaften, Humboldt-Stiftung etc.) sowie Freizeit und Erholung (Sportverbände, Verbände für Heimatpflege, Brauchtum, Geschichte etc.).

Verbandsaufgaben

Sortiert man diese Gemengelage, die trotz aller Kategorisierung leicht unübersichtlich und ausufernd wird, nach politischer Relevanz, liegt es nahe sich der Liste der beim Deutschen Bundestag registrierten Verbände, zu bedienen. Unter diesen rund 1800 Verbänden, die Anspruch auf Anhörung durch Parlament und Regierung haben, dominieren Interessenverbände aus dem Wirtschafts- und Arbeitsleben das Bild. Diese Verbände – ganz gleich ob Branchenverband oder Dachverband – sind spezifische Dienstleister für ihre Mitglieder. Sie übernehmen folgende Aufgaben:

• Interessenartikulation/Politische Repräsentanzleistung bei Regierung, Parlament, Parteien, Behörden, Medien

• Information der Mitglieder über relevante Gesetzgebungs- und Verordnungsvorhaben sowie der Öffentlichkeit über Verbandspositionen oder über Branchendaten

• Bildung und Festlegung einer einheitlichen und geschlossenen Verbandsposition zu den als relevant erkannten Themen

• Beratung der Mitglieder bei der praktischen Umsetzung und Anwendung von Gesetzen und Verordnungen.

Eigenverantwortliche Selbstregulierung in der Wirtschaftspolitik, in den Arbeitsbeziehungen, im Gesundheitswesen und der technischen Normung und Qualitätssicherung, wodurch Verbände den Staat deutlich entlasten.

Kernaufgabe Lobbying

Die Kernaufgabe der Interessenverbände liegt im Lobbying, das heißt in der Vertretung der Verbandsinteressen im politischen Prozess, bei den zuständigen Personen und Institutionen. Um diese Aufgabe erfüllen zu können, bedient sich der Vertreter eines Interessenverbands bestimmter Arbeitstechniken. Zudem müssen die relevanten Themen identifiziert und analysiert werden. Ohne ein funktionierendes Issue Management ist eine wirkungsvolle Interessenartikulation undenkbar. Anschließend müssen die Adressaten der politischen Lobbyarbeit bestimmt werden. Das setzt eine genaue Kenntnis politischer Abläufe und des Einfluss- bzw. Machtpotentials einzelner Akteure voraus. Der Vorbereitung und Planung folgt die Umsetzung konkreter kommunikativer Maßnahmen, um Positionen im politischen Umfeld zu artikulieren und umzusetzen.

Die wichtigsten Adressaten sind die zuständigen Bundesministerien und die Fachausschüsse des Bundestages. Wichtig ist, dass Interessenverbände einen guten Kontakt aufbauen zur Arbeitsebene in den Ministerien – vor allem zu den Referats- und Abteilungsleitern – sowie zu den Abgeordneten, die in den Ausschüssen als Berichterstatter fungieren, und ihren wissenschaftlichen Mitarbeitern. Das Kanzler- oder Ministergespräch ist also die Ausnahme, die Regel sind die Gespräche mit Regierungsdirektoren, Ministerialräten und Ministerialdirigenten. Entscheidend sind die kontinuierlichen persönlichen Kontakte der Verbandsrepräsentanten zu den Akteuren in Politik und Verwaltung. Die Lobbyarbeit der Verbände beginnt in der Regel bereits bevor ein Gesetzentwurf in den Bundestag eingebracht wird. Da mehr als drei Viertel der Entwürfe späterer Gesetze in den Ministerien geschrieben werden, setzt die Lobbyarbeit hier an. Die Interessenverbände versuchen schon im Entstehungsstadium eines Gesetzes („Referentenentwurf"), ihre Sicht der Dinge deutlich zu machen. Das liegt durchaus auch im Interesse des Ministeriums, das nicht selten von sich aus Informationen und Urteile derjenigen Organisationen einholt, die von einem neuen Gesetz betroffen sein werden. Dieser unverbindliche Informationsaustausch ist bei einigen Ministerien in Form von „Beiräten" institutionalisiert. Wenn ein Gesetzentwurf eingebracht ist, konzentriert sich die Arbeit der Interessenverbände auf die Ausschussberatung. Es sind die verschiedensten Formen denkbar, wie ein Interessenverband seine Position den maßgeblichen Personen in Administration oder Parlament kommuniziert: Die Palette reicht vom persönlichen Gespräch, über Positionspapiere und Stellungnahme, bis zur Teilnahme an Anhörungen. Viele Verbände veranstalten Parlamentarische Abende, um einem größeren Kreis von Abgeordneten bestimmte Positionen zu vermitteln. Je nach Stellenwert eines Gesetzgebungsvorhabens und je nach Anzahl und Gewicht möglicher Unterstützergruppen kann ein Verband auch eine öffentlichkeitswirksame Kampagne initiieren.

Innerverbandliche Willensbildung

Wer als Vertreter eines Interessenverbands von den Entscheidungsträgern in Politik und Verwaltung als Gesprächspartner akzeptiert werden will, muss nicht nur fachlich kompetent und glaubwürdig sein, sondern sich auch auf eine eindeutige und geschlossene Position seines Verbandes stützen können. Deshalb ist der Prozess der Interessenbildung und -festlegung innerhalb eines Verbandes eine wesentliche Voraussetzung für den Erfolg der Lobbyarbeit. Entscheidungsprozesse innerhalb von Verbänden sind nicht selten zeitaufwändig und schwierig. Insbesondere Großverbänden erschwert die Heterogenität der organisierten Interessen die Positionsbestimmung. So wirken Verbände oft schwerfällig, weil der Prozess der internen Willensbildung zeitintensiv ist. Das aber ist unvermeidbar die Folge der zwingend verlangten innerverbandlichen Demokratie.

Die Organisation von Verbänden folgt bei aller Vielfalt im Detail meist folgendem Schema: Mitgliederversammlung, ehrenamtliches Präsidium und/oder Vorstand, hauptamtliche Geschäftsführung, gemischt besetzte Ausschüsse. Diese Ausschüsse leisten eine wichtige inhaltliche Unterstützung für die Willensbildung innerhalb des Verbands und liefern den Lobbyisten das fachliche Rüstzeug für ihre Gespräche mit Ministerialbeamten, Referenten oder Abgeordneten.

Anforderungen an das Verbandsmanagement

Die Leistungsfähigkeit eines Verbands ist vom Organisationsgrad, der personellen und materiellen Ausstattung sowie von der Professionalität des Verbandsmanagements abhängig. Von einem Verbandsgeschäftsführer wird erwartet, dass er über klassische Managementeigenschaften ebenso verfügt wie über strategische Fähigkeiten und operative Kompetenz im Bereich der internen Kommunikation mit Mitgliedern und Gremien, der Interessenvertretung und der politischen Kommunikation mit all den Akteuren, die sich im Themenfeld des Verbands bewegen. Der Verbandsgeschäftsführer ist Dienstleister und Berater für seine Mitgliedsunternehmen, er ist Seismograph, weil er politische Entwicklungen und Vorhaben frühzeitig in Erfahrung bringen muss. In den Sitzungswochen des Bundestages ist sein Platz in Berlin. Er muss Präsenz zeigen bei diversen Veranstaltungen, sein Netzwerk pflegen und ständig erweitern. Vor allem die sitzungsfreien Wochen muss das Verbandsmanagement nutzen, um die Kontakte mit der Arbeitsebene in Ministerien und Fraktionen zu pflegen, um die verbandsinterne Willensbildung voranzutreiben, um Mitglieder zu besuchen. Gerade bei den internen Prozessen ist das Verbandsmanagement gefordert als Moderator. Auch pädagogisches Talent gehört dazu, um beiden Seiten – der Wirtschaft und der Politik – die Sichtweise des jeweils anderen nahe zu bringen. Und gelegentlich muss das Verbandsmanagement als Blitzableiter herhalten, wenn politische Entscheidungen nicht im gewünschten Sinne ausgefallen sind.

Das Verbandsmanagement hat dafür zu sorgen, dass sich die Partizipation der Mitglieder nicht nur auf die Gremienarbeit beschränkt, auch wenn den Verbandsgremien schon aus vereinsrechtlichen Gründen die für die Willensbildung entscheidende Rolle zukommt. Ein Verbandsgeschäftsführer legt aber immer auch ein besonderes Augenmerk auf die Unternehmen, die keine Vertreter in Gremien entsenden, und bindet diejenigen Entscheidungsträger in den Unternehmen in den Informationsfluss und die interne Willensbildung ein, die Verbandsaktivitäten auf die zweite Managementebene delegiert haben.

Ein Interessenverband ist kein Selbstzweck. Wie stark und überlebensfähig er ist, hängt von seinen Mitgliedern ab. Angesichts der Konkurrenzsituation, der sich auch Verbände heute stellen müssen, ist es für jeden einzelnen Verband unverzichtbar, sich ständig den Bedürfnissen seiner „Kunden" – sprich: seiner Mitglieder – anzupassen. Die intensive Kontaktpflege zu den Mitgliedern, regelmäßige Besuche in den Unternehmen gehören zu den elementaren Aufgaben eines zeitgemäßen Verbandsmanagements.

Schließlich ist das Verbandsmanagement auch aufgefordert, neue Mitglieder zu akquirieren. Bei der Entscheidung für eine Verbandsmitgliedschaft stehen für potentielle Mitglieder im Wesentlichen zwei Punkte im Vordergrund: Image des Verbandes sowie Qualität und Umfang der Serviceleistungen. Gunnar Bender und Lutz Reulecke haben in ihrem Handbuch des deutschen Lobbyisten die wichtigsten Eigenschaften, die einen Verband für neue Mitglieder attraktiv machen, treffend zusammengefasst:

- Fachliche Kompetenz und Zuverlässigkeit
- Innovationsfreudigkeit und Zukunftsorientierung
- Ansehen in der Fachöffentlichkeit, Qualifikation der Repräsentanten
- Transparenz der Verbandsarbeit
- Flexibilität und Individualität bei der Mitgliederbetreuung
- Art und Umfang der Einflussnahmemöglichkeiten der Mitglieder.

Dem Verbandsmanagement obliegt natürlich auch die Budget-Verantwortung. Die Finanzierung der Verbandsarbeit erfolgt bei Interessenverbänden fast ausschließlich über nach Umsatz gestaffelte Mitgliederbeiträge. Weitere Mittel können über Spenden oder Sponsoring eingeworben werden. Außerordentliche Maßnahmen wie Kampagnen oder größere Studien können in der Regel nicht aus dem laufenden Etat finanziert werden. Das erfolgt meist über eine so genannte Sonderumlage. Das Verbandsmanagement ist heute gefordert, alternative Möglichkeiten der Selbstfinanzierung von verbandlichen Aktivitäten zu erschließen. Viele Verbände sind deshalb dazu übergegangen, Eigenunternehmen in Form von Service GmbHs zu gründen, die spezifische Dienstleistungen nicht für Mitgliedsunternehmen anbieten.

Verbände sind und bleiben attraktive Arbeitgeber für Juristen, für Politik- und Wirtschaftswissenschaftler. Das Erfolgrezept liegt in der richtigen Mischung: Neben einer glaubwürdigen und kommunikativen Repräsentationsfigur brauchen Verbände Experten der Gesetzgebung, PR-Profis, die die Leistungen des Verbandes nach außen und – manchmal noch wichtiger – nach innen professionell kommunizieren, und Ökonomen, die besondere Brancheninformationen aufbereiten. Um als kompetenter Dienstleister von Mitgliedern und Politik und Verwaltung gleichermaßen anerkannt zu werden, braucht ein Verband Mitarbeiter/-innen, die „vom Fach" sind. Ein Pharmaverband braucht Pharmakologen und Ärzte, ein Chemieverband braucht Chemiker usw. Ohne diesen fachlichen Unterbau ist eine professionelle Lobbyarbeit nicht möglich.

Zentrale Herausforderungen

Der Anpassungsdruck, dem die Interessenverbände ausgesetzt sind, lässt sich in folgenden zentralen Herausforderungen und sich teilweise überlagernden Entwicklungen bündeln.

Neue lobbyistische Akteure haben nach dem Umzug von Bonn nach Berlin stark an Einfluss gewonnen. Verbände stehen damit nicht mehr nur untereinander im Wettbewerb, sondern konkurrieren auch mit Rechtsanwaltskanzleien, klassischen Unternehmensberatungen, PR-Agenturen, neu entstandenen Public Affairs-Agenturen und freien Beratern (darunter Minister oder Staatssekretäre a.D., ehemalige Kommunikationschefs großer Konzerne, pensionierte Unternehmenslenker, Chefredakteure usw.). Das Konkurrenzverhältnis bezieht sich nicht nur auf die „Kundenseite", also die Unternehmen, deren Interessen zu vertreten sind, sondern auch auf das Ringen um die Aufmerksamkeit der politischen Entscheidungsträger. Dazu kommen die Unternehmensrepräsentanzen in Berlin, mit denen Konzerne parallel zu den Verbänden ihre Interessen vertreten und die den innerverbandlichen Abstimmungsprozess noch komplexer machen. Diese neuen, teils kommerziellen Lobbying-Akteure haben Teilfunktionen der Verbände übernommen. Die Verbände müssen sich in dieser veränderten Lobbying-Szene zwischen den Polen Kooperation mit und Abgrenzung zu konkurrierenden Akteuren neu positionieren.

Globalisierung und europäische Integration führen zu einer steten Verlagerung von Entscheidungsprozessen und zu abnehmenden Gestaltungsprozessen auf der nationalen Ebene. Was für Bundesregierung und Bundestag gilt, trifft analog auch auf die national organisierten Interessenverbände zu. Verbände müssen deshalb verstärkt zu einem multi-voice-lobbying übergehen und auf mehreren politischen Ebenen gleichzeitig die Interessen ihrer Mitglieder vertreten.

Der Strukturwandel der Wirtschaft, sich auflösende Abgrenzungen zwischen den einst klar getrennten Sektoren, führt dazu, dass die Tätigkeitsfelder der Unternehmen immer schwerer einem Branchenverband eindeutig zuzuordnen sind. Die gesellschaftlichen Veränderungen hin zu mehr Individualisierung und Pluralisierung spart auch die Verbände nicht aus. Eine Verbandsmitgliedschaft ist für Unternehmen längst keine Selbstverständlichkeit mehr. An die Stelle der loyalen längerfristigen Bindung eines Unternehmens an „seinen" Verband ist ein wachsendes Kosten-Nutzen-Denken getreten. Eine Verbandsmitgliedschaft ist nicht zuletzt ein Kostenfaktor. Dies kann dazu führen, dass Unternehmen Verbänden den Rücken kehren, um entweder als Trittbrettfahrer deren politische Interessenvertretung gleichwohl zu nutzen oder um sich bei anderen Lobbying-Akteuren die Dienstleitung Interessenvertretung – oft nur projektbezogen – einzukaufen. Die Durchsetzung von Partikularinteressen und der schnelle „Return on Investment" rücken für Unternehmen mehr in den Vordergrund. Die Verbände haben sich dem durch ein ausdifferenziertes Leistungsangebot zu stellen.

Der „politische Unternehmer", der seine Zeit nicht in Verbandsgremien verbringen will, sucht abseits der Verbandsorganisation den Kontakt zu Entscheidungsträgern. Konzernlenker suchen selbst das Gespräch mit dem Bundeskanzler oder dem jeweiligen Fachminister. Sie agieren als ihre eigenen Cheflobbyisten. Und sie sind gesuchte Gesprächspartner der Politik. Im Kampf um Termine zieht der Verbandsfunktionär meist den Kürzeren, wenn sich gleichzeitig ein Vorstandsvorsitzender um ein Gespräch bemüht. Kein Wunder, wenn Beobachter den Verbänden vorhalten, sie seien nur noch „zweite Liga" in der Interessenvertretung.

Verbände haben Zukunft

Diesen komplexen Herausforderungen haben Verbände ebenso variantenreich zu begegnen. Folgende Trends sind u. a. ablesbar: verstärkte Konzentrationsprozesse und Allianzbildung, um die Schlagkraft in Berlin und Brüssel zu erhöhen; weitere Ausdifferenzierung der Verbandslandschaft, um möglichst homogene Einheiten zu bilden, die sich wiederum neue Bündnispartner suchen; projektbezogene Zusammenarbeit von Verbänden mit neuen lobbyistischen Akteuren; maßgeschneiderte Politik-, Strategie- und Kommunikationsberatung der Verbände für ihre Mitglieder. Die Verbände müssen ihr Profil im Wettbewerb untereinander und in Abgrenzung zu anderen Lobbying-Akteuren schärfen. Verbände sind keine Dinosaurier; Verbände haben Zukunft. Die Verbändelandschaft wandelt sich. Verbände als Vertreter gebündelter Interessen, als kompetente Ansprechpartner und Berater für Unternehmen und Politik haben Zukunft!

Anmerkungen & Literatur

Der Dank des Verfassers gilt Steffen Dagger, der wichtige Informationen für diesen Beitrag zusammengestellt hat.

Interview mit Prof. Dr. Dr. Karl Lauterbach in: Ulrike Hinrichs/Dana Nowak: Auf dem Rücken der Patienten. Selbstbedienungsladen Gesundheitssystem, Berlin 2005, S. 129.

Vgl. den Abschnitt „Organisierte Interessen" in: Karl-Rudolf Korte/Manuel Fröhlich: Politik und Regieren in Deutschland, Paderborn 2004, S. 117 ff.

Siehe www.verbaende.com

Umfassend dazu: Martin Sebaldt/Alexander Straßner: Verbände in der Bundesrepublik Deutschland, Wiesbaden 2004, S. 97 ff.

Dazu Gunnar Bender/Lutz Reulecke: Handbuch des deutschen Lobbyisten. Wie ein modernes und transparentes Politikmanagement funktioniert, Frankfurt/M. 2003, S. 12 ff. und Sebaldt/Straßner (2004), S. 139 ff.

Vgl. Bender/Reulecke (2003), S. 35 ff.

Eine Auflistung der Kontaktpartner und ihre durchschnittliche Bedeutung für die Verbandsarbeit sowie eine Gewichtung und Bewertung der Kontaktarten findet sich bei Sebaldt/Straßner (2004), S. 153 ff. Allerdings handelt es sich hier um Ergebnisse einer Erhebung aus dem Jahr 1994.

Vgl. Sven Rawe: Verbandsmanagement, in: Marco Althaus/Michael Geffken/Sven Rawe (Hg.): Handlexikon Public Affairs, Münster 2005, S. 227-230.

Bender/Reulecke (2003), S. 15

Vgl. dazu Inge Maria Burgmer: Lobbyverbände unter Anpassungsdruck, in: Thomas Leif/Rudolf Speth (Hg.): Die stille Macht. Lobbyismus in Deutschland, Wiesbaden 2003, S. 33-42, hier v.a. S. 34 ff. und das Kapitel Wandel und aktuelle Entwicklungstrends der Interessenorganisation in Deutschland, in: Sebaldt/Straßner (2004), S. 243-276.

Daniel Delhaes/Peter Leo Gräf: Zweite Liga. Das Lobbying in der Hauptstadt, früher fest in der Hand der Wirtschaftsverbände, zerfasert, in: Wirtschaftswoche vom 24.07.2003, S. 26 f.

Hermann Hofmann ist Erster Geschäftsführer des „Pro Generika e.V.". Er studierte Katholische Theologie, Politische Wissenschaft, Soziologie und Philosophie in Mainz, Bonn und Frankfurt/M. Nach journalistischem Berufseinstieg als Redakteur einer Nachrichtenagentur wechselte er 1994 die Schreibtischseite, um Medienarbeit für die CSU zu machen, zunächst als Pressesprecher der CSU-Fraktion im Bayerischen Landtag, dann als Sprecher des CSU-Vorsitzenden und als Leiter der Medien- und Öffentlichkeitsarbeit der Parteizentrale; 2001 dann der Umzug von der Isar an die Spree: zunächst Geschäftsführer Kommunikation, später Stellvertretender Hauptgeschäftsführer des Bundesverbands der Pharmazeutischen Industrie (BPI); 2004 lockten die führenden deutschen Generikahersteller mit der Aufgabe, einen neuen Verband aufzubauen.

Kontakt: hermann.hofmann@progenerika.de

EXCLUSIV
EXTERNE POLITIKBERATER

KOMMUNIKATIONS-AGENTUREN

Public-Affairs-Agenturen als Arbeitgeber

von Dr. Wigan Salazar

Die schier unglaubliche Vielfalt an studentischen Initiativen, Preisen und Büchern unterschiedlichster Qualität zum Berufsfeld Public Affairs verfestigen den Eindruck, dass dieses Tätigkeitsgebiet zumindest in der Wahrnehmung von Studenten und Absolventen hochinteressant ist. Der Beruf „Politikberater", egal wie vage dieser Begriff nun sein mag, scheint für Studenten der Geistes- und Sozialwissenschaften und insbesondere der Politikwissenschaften das, was für ihre Vorgängergenerationen der Journalismus war. So wie Studenten dieser Fächer in den 90er Jahren als Berufswunsch „irgendetwas mit Medien" angaben, gewinnt man den Eindruck, als sei für die heutige Studentengeneration „irgendetwas mit Politikberatung" en vogue. Die Gründe dafür sind vielfältig. Zum einen scheint die Medienkrise der vergangenen Jahre gelehrt zu haben, dass der Einstieg in den Journalismus in absehbarer Zeit nur sehr wenigen Studenten gelingen kann. Zum anderen führte die ebenso in den letzten Jahren exorbitant gewachsene Berichterstattung über das Berufsfeld Public Affairs zu einem wenn auch nicht zu hundertprozentig zutreffenden Eindruck, hier entstehe die nächste Boombranche.

Dem Ansturm auf die Branche und insbesondere auf die Einstiegspositionen in den Agenturen steht oftmals eine Erwartungshaltung gegenüber, die nicht immer den Realitäten des Agenturalltags entspricht. Dieser Aufsatz soll dazu beitragen, Studenten und Absolventen einen Einblick in das Agenturleben – mit Schwerpunkt auf Public Affairs – zu gewähren. Welche Qualitäten und Qualifikationen muss man mitbringen, wie sind die Arbeitsweisen von Agenturen und vor allem: Wie steige ich in den Beruf ein? Dass es keinen Königsweg in die Public-Affairs-Agentur gibt, ist klar, aber in den letzten Jahren haben sich mehrere Schlüsselqualifikationen herausgebildet. Wer an diesen Qualifikationen arbeitet, kann sich einen gewissen Vorsprung verschaffen. Einige der genannten Anforderungen mögen hart klingen. Es handelt sich hierbei aber um ein idealtypisches Profil. Einsteiger müssen nicht sofort alles können, sollten aber bereits erste Ansätze und vor allem den Willen, diese auszubauen, zeigen.

Qualitäten und Qualifikationen

Eines der prägenden Themen in der Qualifizierungsdebatte der Public-Affairs-Agenturen ist das Spannungsfeld zwischen Theorie und Praxis. Während es nicht verwegen ist zu behaupten, dass Konsens darüber herrscht, dass Bewerber schon erste verwertbare Praxiserfahrungen mitbringen müssen, ist die Debatte über die Rolle des Studiums in vollem Gange. Grundsätzlich lässt sich aus Agentursicht sagen, dass die Hochschule schon beste Arbeit leistet, wenn sie ihre vermeintliche Kernkompetenz – das Vermitteln analytischer Tools sowie der Fähigkeit, Sachverhalte anhand dieser Methoden zu bewerten – abdeckt. Praxisorientierung können Bewerber sich selbst erarbeiten. Welche Schwerpunkte dabei interessant sind, wird in diesem Abschnitt im Detail behandelt. Interessant wird in Zukunft sein, wie sich die Postgraduate-Programme im Bereich Public Affairs beispielsweise des Deutschen Instituts für Public Affairs entwickeln. Diese Studiengänge werden ein grundständiges Studium nicht ersetzen, können aber wichtige inhaltliche Akzente setzen und damit wertvolle Qualifikationen für die Arbeit in Agenturen vermitteln.

Studium

Interessenten für eine Einstiegsposition in einer Public-Affairs-Agentur sollten in der Regel ein Hochschulstudium abgeschlossen haben. Zwar gibt es in den Agenturen zahlreiche Berater ohne Studienabschluss – in Zukunft wird dies auch vereinzelt der Fall sein – doch die Entwicklung geht klar dahin, dass ein Studium Pflicht ist. Dieses sollte schnell abgeschlossen werden und einen längeren Auslandsaufenthalt von mindestens einem Semester einschließen. Bewerber, die mehr als fünf Jahre studiert haben, werden es in den kommenden Jahren auf dem Markt schwer haben. Welches Fach studiert wurde ist letztendlich unerheblich. Genau wie ein Kommunikationswissenschaftler nicht unbedingt ein guter Kommunikationspraktiker sein muss, qualifiziert ein Studium der Politikwissenschaften nur sehr bedingt für den Beruf eines Public-Affairs-Beraters auf Agenturseite. Ein Studium der Volkswirtschaftslehre oder der Psychologie ist genau so nützlich wie eines der Geschichte oder der Amerikanistik. Wichtig am Studium, und hier liefern die Universitäten leider sehr unterschiedliche Qualität, ist, dass Studenten lernen, zielgerichtet zu recherchieren, Gedanken zu strukturieren, Strategien zu erkennen oder selbst zu entwerfen und vor allem aufgenommenes Wissen klar, knapp und strukturiert wiederzugeben. Mit der Ausnahme von Aufbaustudiengängen sind stark praxisorientierte Studiengänge daher eher von Nachteil. Für eine Agentur sollte bei Absolventen zählen, dass sie sich im Laufe der Schule und des Studiums eine akademisch strukturierte Arbeitsweise angewöhnt haben. Die Modeerscheinung, zu Ungunsten der theoretischen Ausbildung „praxisnahe" Studienelemente einzubauen, kann nur zu einem erheblichen Qualitätsverlust führen.

Politik- und Wirtschaftskompetenz

Neben dem akademisch strukturierten Denken – oder zumindest einer vagen Ahnung davon – muss ein Berater Kenntnisse über und Interesse an Politik und Wirtschaft mitbringen. Politikkompetenz erwirbt man am besten in der Praxis – ein Studium der Politikwissenschaften ist hier bestenfalls als Ergänzung interessant. Die härteste und zugleich effektivste praktische Schule ist die Parteiarbeit. Nicht umsonst hat der Großteil der führenden Agenturberater in Deutschland eine parteipolitische Vita. Ehemalige Abgeordnete und Minister sind dabei die Ausnahme. In der Regel waren Berater Mitglieder in Vorständen der Jugendorganisationen der Parteien oder in kommunalen Parlamenten. Neben einem stabilen Kontaktnetzwerk bringt diese Erfahrung vor allem eine nicht zu unterschätzende Kenntnis der Entscheidungsfindung und Willensbildung in Deutschland.

Eine häufig gestellte Frage ist, ob die Mitgliedschaft in einer Partei Berater letztlich daran hindert, objektive Ratschläge zu geben. Diese Frage ist durchaus berechtigt und kann nur durch eine Regel beantwortet werden: Professionelle Berater sollten nicht mehr parteipolitisch aktiv sein. Eine Interessenverquickung im Sinne von Loyalitäten oder – noch schlimmer – finanziellen Fragen behindert nicht nur die sachliche Beratung, sondern ist schlichtweg unprofessionell. Für alle Berater gilt, dass sich ihre Lösungsvorschläge allein auf das Interesse ihrer Kunden fixieren.

Die Gremienarbeit in Parteien mag zwar Politikkompetenz mit sich bringen, doch es handelt sich dabei aber zum Glück nicht um den einzigen Weg, sich diese Qualifikation anzueignen. Bewerber sollten sich also nicht entmutigen lassen – und vor allem nicht aus Gründen des Lebenslauf-Stylings parteipolitische Aktivitäten entfalten. Praktika und Mitarbeit in Parteizentralen, Abgeordnetenbüros, öffentlichen Institutionen oder Think Tanks sind ebenso geeignet, praktisches Wissen über die Funktionsweise der deutschen Politik zu erwerben. Und auch ein Volontariat in einer Agentur selbst kann erste verwertbare Erfahrungen liefern.

Während sich Bewerber bei Public-Affairs-Agenturen relativ gut auf die politischen Anforderungen vorbereiten, wird der Aspekt der Wirtschaftskompetenz allzu oft vernachlässigt. Mit beängstigender Regelmäßigkeit begegnet man auf Agenturseite Bewerbern, die die deutsche Politik in all ihren Verästelungen analysieren können und im Zweifel über beste Kontakte zu Parlament und Regierung verfügen, über wirtschaftliche Prozesse aber wenig Kenntnis haben. Mit wirtschaftlichem Wissen ist übrigens nicht nur die Kenntnis über makroökonomische und auch politiknahe Zusammenhänge (welches Ministerium übt Einfluss auf welchen Wirtschaftssektor aus, etc.) gemeint – es geht auch ganz speziell um das Wissen über Branchen und über wichtige Unternehmen in der deutschen und internationalen Wirtschaft. Um es einmal zugespitzt zu formulieren: Wer nicht fünf der DAX 30-Unternehmen, ihre Vorstände und ihre geschäftliche Ausrichtung nennen kann, wird kaum Aussicht darauf haben, ein erfolgreicher Public-Affairs-Berater zu werden. Dieses Wissen über wirtschaftliche Zusammenhänge und unternehmerische Entscheidungen kann natürlich auch im Laufe der Karriere ausgebaut werden – wichtig ist vor allem, dass ein gewisses Grundinteresse an diesen Themen vorhanden ist. Ansonsten wird man kaum Freude an der Arbeit in einer Public-Affairs-Agentur entwickeln können.

Medienerfahrung

Ideale Agenturberater haben mehr zu bieten als reine Politikspezialisten. Sie bringen ebenso gute Qualitäten im Umgang mit den Medien mit. Da es für Agenturen ein wesentliches Differenzierungsmerkmal gegenüber Konkurrenten wie Anwaltskanzleien und Unternehmensberatungen ist, dass sie politische Vorhaben von Unternehmen und Institutionen gezielt und öffentlichkeitswirksam in die Medien transportieren können, bleibt Erfahrung mit Medienarbeit eine Schlüsselqualifikation. Wie die meisten inhaltlichen Qualifikationen kann Medienkompetenz nur in der Praxis erworben werden: mit Praktika bei Tageszeitungen oder den elektronischen Medien oder in Pressestellen von Parteien und Unternehmen. Zusätzlich sollte man ein reges Interesse an den Entwicklungen der Medienlandschaft mitbringen. Gute Berater wissen nicht nur, welche Themen welche Zeitung oder welches Fernsehformat aufgreift – sie wissen auch, welche Journalisten wichtige politische und wirtschaftliche Fragestellungen beeinflussen und bevorzugen. Medienkompetenz heißt in diesem Zusammenhang, dass Berater in die Tiefe gehen müssen: Es reicht nicht aus, zu sehen, dass beispielsweise die Bild-Zeitung einen Artikel über einen Kunden geschrieben hat. Berater müssen wissen, wer den Artikel geschrieben hat und auf welcher Seite – beispielsweise die politisch brisante Seite 2 – dieser erschienen ist. Zugleich müssen Berater ahnen oder herausfinden, welche Quellen für den Artikel genutzt wurden. Nur dann ist die Grundlage für eine fundierte und kompetente Beratung gelegt.

Sprachen

Sprachliche Kompetenz wird im Rahmen der Professionalisierung der Agenturen immer wichtiger. Um es kurz zu fassen: Public-Affairs-Berater sollten die deutsche Sprache sowohl schriftlich als auch mündlich ausgezeichnet beherrschen und zusätzlich zumindest Englisch sehr gut schreiben. Weitere Fremdsprachen sind natürlich von Vorteil. Dass die Beherrschung der deutschen Sprache alles andere als selbstverständlich ist, bewies jüngst eine Studenteninitiative im Feld Public Affairs, die einen Kongress „Politik als Marke" organisierte. Da mag man sich fragen, ob der Titel eventuell ironisch gemeint war. Politiker können Marken sein, Parteien auch – aber die Politik als generischer Begriff? Ein solcher Fehler darf im Berufsalltag nicht passieren – vor allem nicht in einem Titel. Agenturberater müssen ihren Kunden präzise und zugleich verständliche Dokumente vorlegen und vorbereiten. Da die Kunden in der Regel wenig Zeit haben – deswegen beauftragen sie ja eine Agentur – müssen Berater in der Lage sein, komplexe Sachverhalte und politische Entwicklungen in wenigen Absätzen wiederzugeben. Sorgfalt im Umgang mit Sprache ist daher im Berufsalltag unvermeidlich.

Zur deutschen Sprache, die vielen Bewerbern und Beratern schon schwer genug zu fallen scheint, kommt die häufig unzureichende Kenntnis der englischen Sprache hinzu. Vor allem international tätige Unternehmen verlangen von ihren Agenturen, dass Dokumente zweisprachig verfasst werden. In manchen Fällen muss die gesamte Korrespondenz auf Englisch erfolgen. Ein Leistungskurs Englisch in der Schule ist daher generell nicht ausreichend. Wichtig ist ein vertiefender Aufenthalt in einem englischsprachigen Land, ideal ist natürlich Zweisprachigkeit, an die man sich durch Arbeits- oder Studienaufenthalte in den USA oder Großbritannien zumindest annähern kann.

Kontaktnetzwerk und Networking-Fähigkeiten

Eines der am häufigsten bemühten Klischees über Public-Affairs-Berater ist, dass diese mit Kontakten politische Entscheidung beeinflussen könnten. Tatsächlich versuchen einige wenige Berater und Agenturen dies auch als ihre Kernkompetenz zu verkaufen. Dies ist ein völlig unsinniger Ansatz: Jedes Unternehmen einer gewissen Größenordnung hat die Möglichkeit, sich selbst an Parlament und Regierung zu wenden. Unternehmen gegenüber zeigen Politiker häufig auch reges Interesse. Um Kontaktanbahnung kann es bei Agenturen also nicht gehen: Kernkompetenz ist die präzise Aufbereitung von Themen und das Wissen, zu welchem Zeitpunkt welches Thema in Medien und Politik präsentiert werden muss.

Dennoch bleibt ein belastbares Kontaktnetzwerk ein wichtiges Element für den Erfolg einer Agentur. Diese Netzwerke bieten die Möglichkeit, schneller an Informationen zu gelangen und Themen frühzeitig zu erkennen. Einsteiger sollten sich aber nicht entmutigen lassen: Wichtiger noch als ein bestehendes Netzwerk ist die Fähigkeit, sich ein Netzwerk zu erarbeiten beziehungsweise dieses auszubauen. Es kann nicht ernsthaft von Einsteigern erwartet werden, dass sie ein dickes Adressbuch mit in die Agentur bringen. Wichtiger ist, dass sie keine Scheu davor haben, mit Menschen das Gespräch zu suchen. Unbedingt sollten Einsteiger auch darauf achten, dass sie nicht zu penetrant sind: Es gibt wenig Peinlicheres als Public-Affairs-Junioren, die sich auf Empfängen jedem Gast vorstellen in der falschen Annahme, schon das Verteilen von Visitenkarten sei effektives Networking.

Der Agenturalltag

Einen für alle in der Branche tätigen Agenturen gültigen „Arbeitsalltag" zu beschreiben, ist nicht möglich. Zu groß sind die Unterschiede in Stil, beispielsweise was den Dresscode betrifft, und Inhalt: arbeitet eine Agentur eher Regierungsaufträge ab, hat sie vorwiegend NGO-Kunden oder hauptsächlich Mandanten aus der Wirtschaft. Zudem gibt es keinen „Alltag" im strengen Sinne. Das Interessante an der Agenturtätigkeit ist schließlich, dass sie ständigen Veränderungen unterworfen ist. Man geht allerdings kein allzu hohes Risiko ein, wenn man behauptet, dass in allen Agenturen eine hohe Arbeitsbelastung herrscht – sowohl in Sachen Arbeitszeit als auch in Sachen Termindruck. Anders als beispielsweise in Unternehmen oder öffentlichen Behörden kann man nicht von einer langfristigen Planung ausgehen. Aufträge werden oft über Nacht vergeben – und schon muss ein Team ein großes Projekt beispielsweise zu einem anspruchsvollen regulatorischen Thema stemmen. Wer gerne einige Monate im Voraus plant und sich mit ständiger Veränderung schwer tut, ist in einer Agentur fehl am Platz. Wer jedoch Spaß daran hat, ständig neue Themenfelder zu erarbeiten und neue Branchen kennen zu lernen, hat gute Chancen, sich in einer Agentur wohl zu fühlen.

Zum Agenturleben gehört auch, dass man sich ständig weiterbildet und über politik- und wirtschaftsnahe Themen informiert. Das Privileg der Journalisten, täglich bei der Arbeit die Zeitung zu lesen, trifft auch für Berater zu. Ohne ständige Information darüber, welche politischen Themen die aktuellen Debatten beherrschen und ohne einen stetigen Kontakt zu den politischen Entscheidungsträgern, kann eine Agentur nicht den Mehrwert liefern, den Kunden erwarten.

Ein Grundunterschied zur Public-Affairs-Arbeit bei Unternehmen oder NGOs ist neben der Abwechslung der Zwang, die Zeit zu rationalisieren und kaufmännisch zu denken. In der Regel berechnen Agenturen ihre Arbeit in Stunden- und Tageskontingenten, die je nach Qualifikation der Mitarbeiter unterschiedlich hoch angesetzt sind. Es gehört schon ein erhebliches Maß an Disziplin dazu, seine Arbeitszeit punktgenau und gewinnbringend zugleich für einen Kunden einzusetzen.

Von der Struktur her ähneln sich die führenden Public-Affairs-Agenturen. Getragen wird die Arbeit im wesentlichen von einer Handvoll Top-Berater, die über einen guten Zugang zu potenziellen Kunden und politischen Entscheidungsträgern verfügen und zudem erfahren genug sind, politische Situationen für ihre Kunden einzuschätzen. Sie werden unterstützt von Junioren und Beratern, die – ihrem hohen Anforderungsprofil entsprechend – Dokumente vorbereiten, Recherchen vornehmen und auch strategische Vorschläge erarbeiten. Ziel der Nachwuchsarbeit einer jeden Agentur ist, diese Mitarbeiter behutsam an die Kundenberatung und den Politikkontakt heranzuführen, wobei Ersteres in der Regel früher gelingt. Das Zahlenverhältnis zwischen Top-Beratern, die zumeist auch Geschäftsführungs- oder Leitungsfunktionen ausüben, und Junioren und Berater ist je nach Agentur sehr unterschiedlich.

Aufstiegschancen bieten Deutschlands Public-Affairs-Agenturen auf jeden Fall – nur folgen die Karrierewege keiner inneren Logik analog dem Beförderungswesen des öffentlichen Dienstes. Vieles ist von Glück und von der Auftragskonjunktur abhängig. Wesentlich ist aber die Kundenführung und Kundenzufriedenheit – eine gute Beraterin oder ein guter Berater wird an der Dienstleistung am Kunden gemessen. Es empfiehlt sich zudem, sich im Laufe der Agenturlaufbahn gewisse Spezialisierungen anzueignen, seien es besondere Medienkontakte oder besonderes Wissen in Fachbereichen – dabei bieten sich besonders regulierungsintensive Politikthemen an. Grundsätzlich gilt aber: Gute Public-Affairs-Berater sind noch rar und werden dringend benötigt. Ausgebildet werden sie aber im Wesentlichen in der eigenen Agentur – die meisten Agenturen rekrutieren ihren Führungsnachwuchs intern. Mittelfristig wird der Markt für Public-Affairs-Agenturen wachsen, allerdings nicht in der explosionsartigen Form, die sich manche Agenturchefs vor einigen Jahren erhofft hatten. Ein Hauptgrund ist, dass das deutsche politische System einfach anders ist als das amerikanische System: Während einzelne Abgeordnete viel stärker Einfluss auf die Gesetzgebung nehmen, ist die Entscheidungsfindung in Deutschland stark von der Exekutive und vom Fraktionszwang geprägt. Für Lobbyisten heißt dies, dass sie sich sehr stark auf nur wenige Player konzentrieren müssen – breit angelegte Public-Affairs-Programme werden daher die Ausnahme bleiben.

Dr. Wigan Salazar
ist Managing Partner bei der internationalen Netzwerkagentur Publicis Public Relations und dort für internationale Kampagnen sowie Corporate und Public Affairs zuständig. Er betreut hauptsächlich Kunden an der Schnittstelle zwischen Wirtschaft und Politik. Der in Manila geborene Wirtschaftshistoriker und Absolvent der Journalistenakademie der Konrad-Adenauer-Stiftung studierte in Bonn und London und promovierte an der School of Oriental and African Studies der University of London. Vor seinem Wechsel zu Publicis Public Relations arbeitete Salazar als Wissenschaftlicher Mitarbeiter im Deutschen Bundestag und im britischen Außenministerium sowie als Content- und PR-Verantwortlicher eines Internet-Startups.
Kontakt: wigan.salazar@publicis-pr.de

Politische Werbung als Beruf

von Peter Funk

*„Die Politik bedeutet ein starkes langsames Bohren von harten Brettern mit Leiden-
schaft und Augenmaß zugleich. Es ist ja durchaus richtig [...] dass man das Mögliche
nicht erreichte, wenn nicht immer wieder [...] nach dem Unmöglichen gegriffen worden wäre. Aber der, der das tun kann, muss ein Führer und nicht nur das, sondern
auch [...] ein Held sein. Und auch die, welche beides nicht sind, müssen sich wapp-
nen mit jener Festigkeit des Herzens, die auch dem Scheitern aller Hoffnungen ge-
wachsen ist, [...] sonst werden sie nicht imstande sein, auch nur durchzusetzen, was
heute möglich ist. Nur wer sicher ist, dass er daran nicht zerbricht, wenn die Welt, von
seinem Standpunkt aus gesehen, zu dumm oder zu gemein ist für das, was er ihr bieten will, dass er all dem gegenüber:»dennoch!«, zu sagen vermag, nur der hat den
»Beruf« zur Politik".*

Seit Max Weber 1919 diese Anforderung formuliert hat, sind viele ereignisreiche Jahre
vergangen. Obwohl sich die Welt in dieser Zeit sehr verändert hat, ist die Aussage
auch heute noch außerordentlich zeitgemäß für Menschen, die *Politik* als ihren Beruf
betrachten wollen.

Aber nicht nur das: Sie gilt auch in großem Maße für Personen, die *politische Werbung* für Parteien als ihren Beruf verstehen möchten. Dies mag daran liegen, dass der
Auftraggeber Politik seine Logik auf den Auftragnehmer Werbung überträgt:

So schwierig politische Vorstellungen durchsetzbar sind, so schwierig sind auch die
entsprechenden kommunikativen Vorstellungen durchsetzbar. So schnell die Dynamik
der Tagespolitik eine Änderung der politischen Haltungen verlangen kann, so schnell
folgt daraus eine veränderte Anforderung an die werblichen Positionen. So sehr Politik
durch Angriffe des Gegners in Frage gestellt wird, so sehr ist dies auch für politische
Werbung der Fall.

Anforderungen an politische Werber

Persönlichkeitseigenschaften

Wer in dieser hochturbulente Sphäre auf einfache Durchsetzbarkeit seiner kommunikativen Ideen hofft, oder im Falle ihrer nicht sofortigen Ablehnung an deren langfristige Beständigkeit glauben will, muss zumindest *Ausdauer* besitzen. Und ohne ein
großes Maß an *Leidenschaft*, lässt sich die Energie nicht gewinnen, die man braucht,
um immer wieder „dennoch!" von vorne anzufangen.

Dazu muss „*Augenmaß*" kommen. Bei all der Dynamik im Geschehen, gilt es den
Überblick zu bewahren und die strategischen Leitlinien nicht zu vergessen. Wo liegen
die relativen Stärken einer Partei? Wie kann man sie im aktuellen Geschehen einbrin-

gen, so dass sich ein Konkurrenzvorteil ergibt? Welche Wählergruppen werden eher kritisch, welche eher positiv reagieren? Wird die Parteibasis mobilisiert werden können? Wird zusammengenommen mehr Zustimmung und Unterstützung die Folge sein? Welche Aktivitäten bringen kurz-, mittel- und langfristig der Partei einen Vorsprung?

Solche Analysen setzen natürlich detaillierte *Kenntnisse von Politik* voraus. Man muss schon ein gutes Verständnis für die politischen Grundwerte und -prinzipien von Parteien haben, um aktuelle Vorhaben und taktische Operationen in einen Kontext stellen und damit sinnvoll interpretieren zu können.

In Anbetracht der Schnelligkeit des politischen Kommunikationsgeschehens und der Notwendigkeit, Botschaften im Zeitalter der Informationsüberlastung stark zu vereinfachen, ist ein Talent *zur Komplexitätsreduktion* ausgesprochen hilfreich: Wie macht man aus einem Grundsatzprogramm, die grundsätzlichen Standpunkte, die von einem Publikum auch wahrgenommen und goutiert werden können?

Desweiteren ist *Kreativität* gefordert: Einfache Fakten oder Gedanken alleine reichen oft nicht für einen kommunikativen Erfolg. Wer es dagegen schafft, Standpunkten einen bestimmten Dreh (neudeutsch: Spin) zu geben, bringt es weiter: „Keine Experimente!", „Mehr Demokratie wagen", „It's the economy, stupid!", „Wir sind bereit", „Fördern und fordern", „Grün wirkt!" und „Pakt für Deutschland" sind kraftvolle Formeln bzw. kreative Leitideen, die vielfältige Aspekte nicht nur auf den Punkt bringen, sondern auch besonders merk- und durchsetzungsfähig machen.

Da politische Kommunikation sich in einem äußerst konfliktgeladenen und aggressiv konkurrierendem Umfeld abspielt, ist ein ausgeprägtes Einfühlungsvermögen äußerst hilfreich: Wie werden die opponierenden Parteien wohl auf eine Initiative reagieren? Wie wird ihre Antwort auf die eigene „Formel" und den eigenen „Spin" aussehen? Die *Antizipation* möglicher Effekte und Nebeneffekte ist eine notwendige Vorbedingung für erfolgreiche politische Werbung.

Ausbildung

Prinzipiell ist der Weg in die politische Werbung kaum an eine bestimmte Art von Studium oder berufliche *Ausbildung* gebunden. Sofern man die oben skizzierten Talente aufweist, bieten sich viele Möglichkeiten. Allerdings ist es sehr wahrscheinlich, dass bestimmte Bildungswege diese noch stärker fördern, während andere sie eher bremsen:

Beispielsweise wird sich ein präziser Jurist tendenziell eher schwer tun mit kühnen *Vereinfachungen*, oft mehr psychologischen (als logischen) Denkweisen und bewusst unscharfen Begrifflichkeiten, die in der politischen Werbung oft gefragt sind.

Einem Germanisten oder gar ausgebildetem Werbetexter, wird es hingegen vergleichsweise leicht fallen, die Gewichtigkeit einer Formulierung gegenüber einer blassen Richtigkeit zu bevorzugen.

Neben diesen findet man häufig Politologen und vor allem Kommunikationswissenschaftler in der Branche. Sie bringen typischerweise *Querschnittswissen* mit, welches von Soziologie, Psychologie, Meinungsforschung, über Public Relations bis hin zur Publizistik reicht.

Ein gründliches Studium der Selektionslogik von Medien, als auch kognitiver Prozesse menschlicher Informationsverarbeitung, helfen beim Verständnis, wie politische Botschaften am besten kommuniziert und rezipiert werden.

Eine eher *generalistische Ausbildung* trägt also dazu bei, die recht umfassende Aufgabenstellung eines politischen Werbers sinnvoll bearbeiten zu können. Diese sollte während des Studiums durch begleitende Praktika ausgebaut werden. Hier empfehlen sich vor allem die entsprechenden Abteilungen von Parteien bzw. parteinahen Stiftungen, als auch Werbeagenturen mit Kompetenz im Politikbereich.

Studiengänge, die sich sehr stark auf politische Kommunikation fokussieren, gibt es bisher noch selten. Meist werden im Rahmen von Politik-Studiengängen kommunikationsbezogene Kurse angeboten und im Kontext von Kommunikation politikbezogene Seminare.

Zusammengenommen ist eine deutliche *Professionalisierung* in der universitären Landschaft zu erkennen, die sich unter anderem in einem rapiden Anstieg von Publikationen zur Wahlkampfforschung und -kommunikation bemerkbar macht.

Daneben ist seit einiger Zeit eine *Popularisierung* von Werbung generell bemerkbar, die vermutlich auch Einfluß auf die Wertschätzung politischer Werbung hat. Beides zusammen wird wahrscheinlich die Nachfrage nach entsprechenden Ausbildungsangeboten ankurbeln und damit deren weiteren Ausbau mit sich bringen.

Beruflicher Arbeitsalltag und Rollen in der Agentur

Die tägliche Praxis der politischen Werbung lässt sich entlang von drei Dimensionen beschreiben: *Analyse, Kreativität und Organisation.*

Wird eine neue kommunikative Aktivität geplant, erhält die Agentur vom Auftraggeber ein mündliches oder schriftliches Briefing, an dem idealerweise ein Kontakter, strategischer Planer und Kreativer teilnehmen.

Der *Kontakter*, auch Kundenberater genannt, organisiert den Kommunikationsfluß zwischen Kunde und Agentur und kümmert sich darum, dass die Aufgaben rechtzeitig und richtig erledigt werden. Er ist quasi am Puls des Kunden, kümmert sich um die Finanzen und berät ihn bei der Entwicklung von Kommunikationsmaßnahmen.

Auf letzteres spezialisiert ist der *strategische Planer*, der grundsätzliches Denken über Zielgruppen und wirkungsvolle Botschaften einbringt, welche schließlich vom *Creative Director* mit seinem Team in aufmerksamkeitsstarke und relevante Kommunikation „übersetzt" wird.

Das *Briefing des Kunden* definiert die Zielsetzung: Welche Zielgruppe soll angesprochen werden? Was sollen die Kernbotschaften sein? In welchem Zeitraum können die Maßnahmen durchgeführt werden? Welche Medien empfehlen sich für die Aufgabe? Wie groß ist das Budget?

Nach dem Erhalt des Briefings hat der Planer, in Absprache mit dem Kontakter, die Aufgabe, dieses bewertend zu ergänzen und meist in einen *Creative Brief* zu „übersetzen". Dieser komprimiert das Briefing des Kunden und die ergänzenden Gedanken der Agentur auf die essentiellen Informationen für die Kreativabteilung. Gelegentlich führt der Planer auch begleitende Forschung durch.

Im Rahmen der Vorstellung des Briefs bei den „Kreativen" in der Agentur, kann es gelegentlich zu schwierigen *Diskussionen* kommen, die im Extremfall auch zu dessen Ablehnung führen können. Dies ist meist die Folge einer unscharfen Aufgabenbeschreibung, nicht eindeutigen kommunikativen Zielsetzung oder uninspirierenden strategischen Grundidee für eine Kampagne. In diesem Fall muss nachgebessert werden. Nachdem ein Briefing akzeptiert wurde, dauert es einige Tage, bis die Kreation sich mit ersten Lösungsvorschlägen meldet.

Diese werden mit ihr, der Kundenberatung und dem strategischen Planer diskutiert und bewertet: Sind sie *„on strategy"*, im Sinne der Erfüllung der Aufgabenstellung, wie sie durch den Creative Brief gegeben ist? Werden die beabsichtigten Kommunikationsbotschaften durch die bisher entwickelten Anzeigen, TV-Spots, Plakate usw. wirklich transportiert? Werden sie auch schnell und kreativ kommuniziert? Empfiehlt sich die Einschaltung von qualitativen oder quantitativen Forschungsinstrumenten, um darüber mehr herauszufinden? Gilt es den Creative Brief zu modifizieren?

Würde der Kunde die kreativen Vorschläge wohl gut finden? Sind die medialen Ideen auch im Rahmen des Budgets finanzierbar? Was fehlt noch inhaltlich? Wieviel Zeit bleibt noch, um für die kommende Präsentation beim Kunden gerüstet zu sein? Worauf sollte die weitere Ausarbeitung fokussieren?

Diese *Abstimmungsprozesse* wiederholen sich auf dem Weg zur Kundenpräsentation oft mehrfach. Naht der Tag der Präsentation, wird der Arbeitsalltag erfahrungsgemäß ein wenig hektischer und turbulenter. Zur regelmäßigen 40-50 Stunden Woche können dann einige durchgearbeitete Wochenenden kommen.

Beruflicher Arbeitsalltag in der Zusammenarbeit mit einer Partei

Diese Spannung findet Ihren vorläufigen Höhepunkt, wenn die Ideen endlich beim Kunden vorgestellt werden. Man hat dann meist ein *Gremium* von drei bis zehn Personen vor sich.

Die *Anzahl der Teilnehmer* ist im Vergleich zu Präsentationen im nichtpolitischen Kontext deutlich erhöht, was die Sache nicht einfacher macht. Mehr Personen bedeutet: Mehr Meinungen, mehr Einwände, mehr geschmackliche Differenzen, mehr Bedenken und mehr Vorsicht.

Letztere ist natürlich in der Politik außerordentlich ausgeprägt, da jede Initiative sofort vom politischen Gegner scharf angegriffen oder von den Medien – im Positiven wie im Negativen – schnell verstärkt werden kann. Wird hingegen für ein alltägliches Konsumprodukt geworben, ist ein *„negative campaigning"* von Konkurrenten zwar nicht auszuschließen, aber wesentlich unwahrscheinlicher.

In diesem Sinne, dass politische Kommunikation sich in einem riskanteren Umfeld vollzieht und von einem breiteren Personenkreis verabschiedet und getragen werden muss, ist eine *Akzeptanz* für die Ideen der Agentur nicht einfach zu erreichen. Ablehnungen, Distanzen und Vorbehalte gegenüber allzu ungewöhnlichen Lösungen sind folglich oft an der Tagesordnung. Mehrfache Präsentationen zu einer kommunikativen Aufgabe sind nicht selten gefragt und gelegentlich auch nervenaufreibend.

Das Ganze passiert zudem in einem Umfeld, in dem immer etwas geschieht: Die Ausgangslage und das Image einer Partei kann sich durch geschickte Positionierung und Themenwahl via medialer Werbung bzw. Public Relations innerhalb von Wochen, wenn nicht Tagen rapide verändern. Das verlangt Geschwindigkeit im Handeln, erlaubt aber auch eine schnelle Wirkung der kommunikativen Maßnahmen.

Fazit

Wer es schnell mag und trotzdem Ausdauer hat, wer Politik liebt und Einfühlungsvermögen für das Denken unterschiedlichster Menschen mit sich bringt, wer Sinn für Details hat, aber trotzdem Dinge auf den Punkt bringen kann – für den ist politische Werbung eine sinnvolle Wahl.

Eine zunehmend komplexere Welt verlangt nach mehr vereinfachenden Erklärungen. Die zunehmende Informationsüberlastung provoziert eine immer stärkere Selektivität der menschlichen Wahrnehmung. Konsequenterweise wächst also der Bedarf nach Formeln und Inhalten, die auf große Aufmerksamkeit und wirkliches Interesse stoßen. In diesem Sinne wird die kommunikative Vermittlung von politischen Inhalten in Zukunft an Bedeutung gewinnen.

In gleichem Maße wird politische Werbung als Beruf gefragt sein. Sie wird quantitativ bei weitem nicht so bedeutsam werden, wie die kommerzielle. Dennoch – oder wegen ihrer Rarität – stellt sie etwas Besonderes dar.

Sie ist auch anders, weil sie sich in einen herausgehobenen Dienst stellt: Schließlich geht es nicht um die Bewerbung trivialer Dinge des täglichen Gebrauchs, sondern um die Kommunikation gesellschafts- und wirtschaftspolitisch relevanter Positionen und Aktionen.

In diesem Sinne möge das Weber'sche „langsame Bohren von harten Brettern mit Leidenschaft und Augenmaß" auch politische Werber mit besonderer Genugtuung erfüllen.

Anmerkungen & Literatur

Weber, Max (1992): Politik als Beruf. Ditzingen: Reclam, S. 90.

Siehe Kroeber-Riel, Werner (1987): Informationsüberlastung durch Massenmedien und Werbung in Deutschland. In: Die Betriebswirtschaft, 47. Jg., S. 257-264 und Kroeber-Riel, Werner (1988): Kommunikation im Zeitalter der Informationsüberlastung. In: Marketing ZFP, 10. Jg., Nr. 3, S. 182-189.

Zur umfassenden Betrachtung der verschiedenen psychologischen und soziologischen Aspekte von Kreativität siehe Cziksentmihayi, Mihaly (2001): Kreativität. Wie Sie das Unmögliche schaffen und Ihre Grenzen überwinden. Stuttgart: Klett-Cotta.

Zur Auseinandersetzung mit der neuen „Zunft" der Spin Doctors siehe Meinhart, Edith / Schmid, Ulla (2000): Die Spindoktoren. Manipulationen in der Politik. Wien. Und Esser, Frank (2000): Spin Doctoring. In: Forschungsjournale Neue Soziale Bewegungen, Nr. 13 (3), S. 16-24. Als Klassiker in diesem Feld gilt: Morris, Dick (1999): The New Prince. Los Angeles: Renaissance.

Zur kognitiven Verarbeitung unterschiedlicher Spins bzw. Frames siehe Lakoff, George (2004): Don't think of an elephant! Know your values and frame the debate. Vermont: Chelsea Green Publishing.

Zu den Unterschieden und Gemeinsamkeiten kommerzieller und politischer Kommunikation siehe Ketterl, Hans-Peter (2004): Politische Kommunikation: Analyse und Perspektiven eines sich verändernden Kommunikations-Genres. Dissertation, LMU München: Fakultät für Sprach- und Literaturwissenschaften, S. 761 ff.

Dies sieht z. B. in politischer Public Relations, vor allem aber im Lobbying Bereich meist anders aus: Hier sind detaillierte Sachkenntnisse und juristische Versiertheit oft unabdingbare Schlüsselqualifikationen.

Dazu zählen beispielsweise aktuell „Goldene Hirschen" für Bündnis 90 / Die Grünen und McCann Erickson für die CDU. Für ein Verzeichnis der Agenturen siehe: http://www.gwa.de/Rankings___.55.0.html und http://www.gwa.de/Inhabergef_hrte_Agenturen.1651.0.html.

Beispielhaft hierfür seien erwähnt: Masterstudiengang Politische Kommunikation Uni Bielefeld, Internationaler Studiengang Politikmanagement Hochschule Bremen, Deutsches Institut für Public Affairs Potsdam/Berlin, Masterstudiengang Public Policy Uni Erfurt (im Aufbau), Masterstudiengang in Politische Kommunikation Uni Düsseldorf (im Aufbau).

So z. B. im Rahmen des Politik- bzw. Publizistikstudiums an der FU Berlin. Einen sehr praxisorientierten Diplom-Kommunikationsstudiengang, mit explizitem Bezug auch auf gesellschaftliche Fragestellungen, bietet die Universität der Künste in Berlin mit „Gesellschafts- und Wirtschaftskommunikation" (GWK).

Siehe Schulz, Winfried (1997): Politische Kommunikation. Opladen: Westdeutscher Verlag, S. 13 und Ketterl, Hans-Peter (2004), S. 312 ff.

Hier sei als Beleg die Zunahme von Beiträgen und Sendungen *über* Werbung angeführt, wie z. B. WWW (die witzigsten Werbespots der Welt) bei Sat1 oder die Serie über Kampagneros in der Publikumszeitschrift „Max".

Die herausragende Wahlkampagne für die SPD im Wahlkampf 1998 hat vermutlich auch einen beträchtlichen Beitrag zur Popularisierung von politischer Werbung geleistet.

Was ein Creative Brief auszeichnet und wie man zu ihm im Rahmen der strategischen Planung kommt, ist zu finden bei Cooper, Alan (1997): How to plan advertising. London: CIPG. Bezüglich Arbeitsalltag und -abläufen in Agenturen siehe Friedrich, Bernd / Rehm, Alexander (2004): Sachdienliche Hinweise zur Werbung. München. Stiebner.

Hiermit ist v. a. gemeint, dass werbliche Botschaften durch eine geschickte Inszenierung in die Berichterstattung der Medien eingeschleust und dadurch massiv verstärkt werden können. Zum Ereignismanagement der Parteien und generell zum Verhältnis von Medien und Politik aus einer Makroperspektive siehe auch Pfetsch, Barbara / Schmitt-Beck, Rüdiger (1994): Amerikanisierung von Wahlkämpfen? Kommunikationsstrategien und Massenmedien im politischen Mobilisierungsprozeß. In: Jäckel, Michael und Winterhoff-Spurk, Peter (Hg.): Politik und Medien. Analysen zur Entwicklung der politischen Kommunikation. Berlin: Vistas, S. 231-252.

Eine rapide Veränderung trifft oft ein durch Wahlerfolge bzw. -niederlagen, symbolische Groß-Ereignisse (z. B. Arbeitslosenzahl erstmals über fünf Millionen, Irak-Krieg oder die „Flut") oder Skandale. Siehe hierzu auch Jung, Matthias (2003): Das Wahljahr 2002 aus der Sicht der Meinungsforschung. Auf: http://www.kas.de/publikationen/2003/3502_dokument.html (Stand 1.4.2005).

Laut der Organisation Werbungtreibende im Markenverband gibt es derzeit Zeit ca. 363000 Arbeitsplätze im Kernbereich der Werbung in Deutschland. Siehe hierzu http://www.owm.de/index.php?contentpath=http://www.owm.de/werbung_13gruende.php (Stand 1.4.2005). Erfahrungen und Schätzungen des Autors lassen davon eine nur vierstellige Zahl in der politischen Werbung im weitesten Sinne (also in Parteien, Organisationen, Institutionen und Agenturen) vermuten.

Peter Funk

verantwortet bei der Werbeagentur McCann Erickson Berlin als Geschäftsführer die strategische Planung u. a. für die Coca-Cola GmbH, monster, Hasseröder, Siemens, Lufthansa und die CDU. Er absolvierte das Publizistik-Studium an der Freien Universität Berlin mit Fokus auf empirische Meinungsforschung und den Zusammenhang von Medien und Politik. Neben Stationen u. a. bei der GfK Marktforschung und der PR Agentur ABC Eurocom, war er bei McCann Erickson in Frankfurt und New York tätig. Aktuell ist er auch Dozent an der Universität der Künste in Berlin für den Bereich strategische Kommunikationsplanung im Rahmen des „Gesellschafts- und Wirtschaftskommunikation"-Studiengangs. Kontakt: Peter.Funk@mech.de

Lobbying als anwaltliches Beratungsfeld – ein Wachstumsmarkt

von Andreas Geiger

Francis Bacon formulierte sehr treffend: *„Wissen ist Macht"*. Wissen gilt es sich anzueignen und als Machtfaktor nutzbar zu machen. Lobbying wird darum in Brüssel wie auch in Berlin für die deutschen Konzerne immer wichtiger. Denn wer den Einstieg ins Gesetzgebungsverfahren verschläft, hat bereits verloren. Die Gesetze von morgen sind die Grundlage geschäftlicher Strategien von heute. Jede Geschäftstätigkeit wird unmittelbar von der Politik einer Regierung beeinflusst. Vorausschauende Unternehmen sind aus diesem Grund bemüht, über politische Entscheidungen nicht nur auf dem Laufenden zu sein und deren Auswirkungen zu verstehen – sie wollen sie beeinflussen. Nur so können sie wirtschaftliche Bedrohungen abwehren und Chancen nutzen, die sich aus politischen Prozessen ergeben. Dies ist jedoch keine Einbahnstraße: Die Erfahrung zeigt, dass die komplexer werdenden Wirtschaftsstrukturen und Themenfelder den Gesetzgeber vielfach in seinen Ressourcen überfordern. Die am Gesetzgebungsprozess Beteiligten in Brüssel und Berlin suchen daher mittlerweile – wie bereits schon seit langer Zeit in den USA – offen das Gespräch mit Wirtschaftsvertretern, Verbänden und Lobbyisten, um sich vor einer Entscheidung umfassend über die wirtschaftlichen und rechtlichen Aspekte eines Vorhabens zu informieren. Und das ist auch richtig so. Wie der ehemalige französische Senator *Jean-Dominique Giuliani* einmal sagte: *„Lobbying ist ein demokratisches Recht und sogar ein Instrument der Demokratie"*. C'est ca.

Der Rechtsanwalt als Lobbyist – ein Trend aus den USA

Vor nicht allzu langer Zeit war es für einen Rechtsanwalt in Deutschland noch eher ungewöhnlich, sich für seine Mandanten nicht nur vor Gericht, sondern auch im politischen Dialog mit den gesetzgebenden Institutionen zu engagieren. Heute hingegen ist Lobbying auf dem besten Weg, auch hierzulande ein fester Teil des wirtschaftsorientierten Rechtsberatungsangebots zu werden.

In den USA ist Lobbying als anwaltliche Dienstleistung schon seit langem etabliert. Die bei US-Unternehmen zu Beginn der 50er Jahre des vergangenen Jahrhunderts entstandene Nachfrage nach Lobbyarbeit wurde dort durch spezialisierte PR- und Lobbyingfirmen und von Anfang an auch durch Rechtsanwaltskanzleien unter den Bezeichnungen „Public Affairs", „Public Policy" oder „Government Relations" befriedigt. Nach der Gründung des sogenannten Public Affairs Council, der auf Initiative des damaligen US-Präsidenten Dwight D. Eisenhower als Gegenpart zu den politisch einflussreichen amerikanischen Gewerkschaften ins Leben gerufen worden ist, verzeichnete die Lobbyingbranche in den 70er Jahren in den USA ein enormes Wachstum. Eine zweite Welle folgte Mitte der 90er Jahre – und dauert bis heute an. Hierzu lande hielt diese Entwicklung erst Einzug, als große amerikanische Rechtsanwaltskanzleien und Lobbyingfirmen zu Beginn der 90er Jahre begannen, nach Europa zu expandieren. In Deutschland hat die Liberalisierung der Niederlassungsvorschriften, die zur Entstehung einiger große überörtlicher Sozietäten unter US-amerikanischer oder britischer Kooperation führte, zweifellos die Rolle eines Katalysators erfüllt.

Zentren des anwaltlichen Lobbyings: Berlin und Brüssel

Die Musik für deutsche Berater spielt vor allem in Brüssel und Berlin. Allein in Berlin zählt die Lobbyliste des deutschen Bundestages heute mehr als 2.500 Einträge, in Brüssel arbeiten mehr als 10.000 Beschäftigte im Bereich der Interessenvertretung. Für die Unternehmen bietet sich dadurch eine vorteilhafte Nähe zum politischen Geschehen, und die daraus folgende Chance, frühzeitig in den Fragen einzuschreiten, die das eigene unternehmerische Tätigkeitsfeld betreffen. Umgekehrt bietet sich für die Entscheidungsträger die Möglichkeit, juristisch und auch ökonomisch möglichst sinnvolle Entscheidungen zu treffen.

In Deutschland nimmt die Bedeutung anwaltlichen Lobbyings seit dem Hauptstadtumzug nach Berlin kontinuierlich zu: die alten Bonner Seilschaften sind einem offeneren juristischen Diskurs gewichen. Parallel dazu nimmt die traditionell vorherrschende Stellung der Verbände als Vermittler zwischen Politik und Wirtschaft im korporativ geprägten Deutschland aufgrund ständig stärker werdender, divergierender Partikularinteressen der Mitglieder zusehends ab. Die Verbände können wegen der vielen unterschiedlichen Interessen in ihrem Wirtschaftszweig oftmals nur auf dem kleinsten gemeinsamen Nenner agieren. Die Notwendigkeit der meist schwierigen Kompromissfindung zwischen den oft unvereinbar erscheinenden Einzelinteressen innerhalb der Verbände kann die effiziente Interessenvertretung bereits in den frühen Phasen hemmen. Nach außen hin, unter anderem gegenüber den Entscheidungsträgern, wird dadurch häufig Unentschlossenheit demonstriert. Dies hat sich in Deutschland zuletzt bei der Einführung des Dosenpfands gezeigt.

Auf europäischer Ebene potenzieren sich diese Probleme. Die Brüsseler Gesetzgebung hat Einfluss auf derzeit 25 Mitgliedstaaten. Neben den Bedürfnissen der einzelnen Unternehmen oder Branchen sind hier oftmals spezifische nationale Marktsituationen, Unternehmensphilosophien und Interessen zu berücksichtigen. Sowohl die Anzahl der zu Vertretenden als auch das Spektrum der Divergenz nimmt zu. Die von den Verbänden wahrzunehmenden Interessen sind also noch breiter und vielschichtiger als auf nationaler Ebene.

Oftmals ist dem jeweiligen Unternehmen daher besser gedient, wenn es sein individuelles Anliegen an den entscheidenden Stellen direkt vorbringt, und zwar in einer im Hinblick auf die Ziele, Bedürfnisse und die momentane Situation des Unternehmens maßgeschneiderten Art und Weise. Dieser Prozess muss auf nationaler wie auch auf europäischer Ebene stattfinden, da bereits 3/4 aller Fragen, die deutsche Unternehmen betreffen, in Brüssel entschieden werden. Die Gesetzesentwicklungen in Berlin lassen sich von denen in Brüssel ohnehin nicht trennen.

Zudem bauen auch der deutsche Gesetzgeber ebenso wie die europäischen Institutionen zusehends auf den direkten Kontakt zu Industrie und Handel. Die Dependancen der Unternehmen und Industrieverbände allerdings sind in Berlin oder Brüssel zumeist personell gering besetzt oder dienen als Brückenkopf und verlängerter Arm, nicht jedoch als operative Einheit. Mittelständische Unternehmen verfügen in der Regel nicht einmal über entsprechende Dependancen. Bei den Unternehmensrepräsentanzen fehlt es folglich häufig an der nötigen „manpower", um umfangreiche „Zeitgeistinitiativen" des Gesetzgebers wie z. B. das Tabakwerbeverbot auf europäischer Ebene oder – auf nationaler Ebene – das Dosenpfand entsprechend abfedern zu können. Aus diesem Grund werden von den Unternehmen zunehmend Rechtsanwälte bei der Interessenvertretung eingeschaltet, da in schwierigeren Fällen zumeist „harte" juristische Argumente gefragt sind.

Nach amerikanischem Vorbild sind daher nun auch internationale Großkanzleien und Lobbyingfirmen in diesem Sektor auf dem Vormarsch, indem sie – meist mit Ex-Politikern und spezialisierten Anwälten in ihren Reihen – ausländische Unternehmen an den deutschen oder europäischen Markt heranführen oder deutschen Unternehmen in den politischen Gremien Gehör verschaffen. Zunehmend wird das Angebot dieser Dienstleistung und die damit verbundenen Zugänge zu politischen Entscheidungsträgern sogar als Wert an sich, als wesentliches Element bei jedweder Mandatierung angesehen – unabhängig vom jeweiligen akuten Bedarf, allein für den „Fall der Fälle". Bei vielen anwaltlichen Tätigkeiten, insbesondere bei den europarechtlichen Mandaten in Brüssel, wird der Bereich Lobbying bereits standardmäßig mit abgefragt.

Dieser frühzeitige Ansatz ist für die Unternehmen von großem Interesse. Im Idealfall bedeutet er nämlich die Vermeidung künftiger Probleme statt deren nachträglicher Lösung. Dies ist erfahrungsgemäß vor allem wegen der starken Hebelwirkung interessant. Denn die Kosten sind in jedem Fall erheblich geringer als jene eines späteren langjährigen Gerichtsprozesses mit ungewissem Ausgang – welche von den Unternehmen aus ökonomischen Gründen auch zunehmend gemieden werden – oder gar einer Produktionsumstellung in Anpassung an die neue Gesetzeslage. Im schlechtesten Fall besteht immer noch der größtmögliche Informationsvorsprung gegenüber der Konkurrenz und damit die größte Vorlaufzeit, die dazu genutzt werden kann, sich auf die neue Gesetzeslage einzustellen.

Dies zeigte sich etwa im schon erwähnten Fall der Tabakwerberichtlinie: Diese sah ein europaweites Werbeverbot für Tabakprodukte vor. Die Bemühungen der eingeschalteten Rechtsanwälte, die Verabschiedung der Richtlinie durch Intervention im Gesetzgebungsverfahren zu verhindern, blieben zwar erfolglos. Doch auch wenn die vorgebrachten juristischen Argumente – für Gesundheitspolitik, um die es hier ging, war die Kompetenz der EU nicht gegeben – den europäischen Gesetzgeber nicht überzeugten: für den später angerufenen Europäischen Gerichtshof reichten sie aus. Die Richtlinie wurde für nichtig erklärt.

Der Rechtsanwalt als Lobbyist – die Vorteile

Im Unterschied zu den traditionellen PR-Agenturen, die oftmals auch als Lobbyist für die Interessen von Kunden fungieren, bietet die Einschaltung von Rechtsanwaltskanzleien gleich mehrere Vorteile:

Zum einen bringt ein Anwalt naturgemäß den bei der Beurteilung von Gesetzgebungsvorhaben erforderlichen juristischen Sachverstand mit. Der Anwalt weiß, wie Gesetze zu lesen sind und wie mit ihnen umzugehen ist. Zum anderen kann er, anders als der nicht juristische Lobbyist, den Entscheidungsträgern in den gesetzgebenden Institutionen bereits konkrete Vorschläge in juristischer Terminologie unterbreiten. Der Gesetzgeber hat oft nur wenig Zeit, sich in eine komplexe juristische Materie einzuarbeiten. Er ist daher aufgeschlossen dafür, vom Anwalt mit rechtlichen Informationen versorgt zu werden. Der Anwalt spricht dieselbe Sprache und kann daher auch fachlich auf Augenhöhe kommunizieren.

Hinzu kommt die Seriosität. Der Fall „Hunzinger" macht hier den Unterschied zwischen PR-Agenturen und Rechtsanwaltskanzleien ausreichend deutlich. Rechtsanwälte unterliegen als Organe der Rechtspflege zudem besonderen straf- und standesrechtlichen Pflichten.

Das Berufsethos ist damit gewährleistet und wird auch nach außen hin sichtbar. Die Mitwirkung von Rechtsanwaltskanzleien ermöglicht es Wirtschaftsunternehmen somit, auch politischem und gesetzgeberischem Zeitgeistaktionismus zu begegnen, ohne dabei automatisch in ein schiefes Licht zu geraten.

Ferner sind es in festgefahrenen politischen Verhandlungen oftmals letztlich die juristischen Argumente, die ausschlaggebenden sind. Ob ein neues Wirtschaftsgesetz sofort zu einer Flut von Prozessen führt bzw. im Endeffekt überhaupt haltbar sein wird, sind Fragen, die neben wirtschaftlichen Argumenten zur Interessenvertretung eingebracht werden können und müssen: gerade Anwälte sind darauf trainiert, die Schwachstellen von Gesetzgebungsvorhaben zu erkennen.

Kommt es trotzdem zu einer politischen Entscheidung, die dem Unternehmen ernsthafte Probleme bereitet, haben die beratenden Anwälte außerdem einen Synergieeffekt auf ihrer Seite: Sie haben den Fall von Anfang an aktiv mitverfolgt und kennen bereits alle Akteure sowie die Hintergründe. Sie können daher zeitnah, fundiert und reibungslos im Prozesswege gegen die neuen Bestimmungen vorgehen.

Lobbying in der juristischen Ausbildung

Es ist zu erwarten, dass sich der Bedarf nach einschlägig ausgebildeten Juristen in der Zukunft verstärken wird. Studenten der Rechtswissenschaften und Rechtsreferendare sind gut beraten, sich für eine solche Beratertätigkeit zu empfehlen.

Anwaltliches Lobbying besteht aber – um Missverständnisse bei dieser Berufswahl zu vermeiden – nicht ausschließlich aus „wining and dining". Es hat auch nichts mit dem oftmals als Lobbying verkauften Ansatz mancher Berater gemein, die der Ansicht sind, es reiche aus, jemanden zu kennen, der jemanden kennt. Bei anwaltlichem Lobbying liegt der Akzent vielmehr sehr deutlich auf „anwaltlich", d.h. ein Großteil der Tätigkeit erfordert klassisches juristisches Handwerkszeug. Gerade das unterscheidet den anwaltlichen Lobbyisten ja vom PR-Berater. Voraussetzung sind daher zumeist zwei abgeschlossene juristische Staatsexamina.

Möglichkeiten einer formalisierten Ausbildung im Zusammenhang mit dem Jurastudium sind dabei allerdings noch kaum vorhanden. Derzeit bieten sich allenfalls Masterstudiengänge nach anglo-amerikanischem Vorbild an, um der eigenen Ausbildung einen entsprechenden Drall zu verleihen. Da ein sehr großer Teil der Lobbyaktivitäten in Brüssel stattfindet und sich auf die europäische Gesetzgebung konzentriert, ist die Beschäftigung mit Europarecht während des Studiums dringend anzuraten. Dies gilt auch für die in Berlin tätigen Lobbyisten. Viele Lobbyisten, ob anwaltlich oder nicht, sind zudem Absolventen des Europa-Kollegs in Brügge oder einer anderen Einrichtung, die einen entsprechenden Studiengang anbietet. Dort wird unter anderem Basiswissen darüber vermittelt, wie die Institutionen der EU funktionieren – unentbehrliches Rüstzeug für den Lobbyisten, der zunächst einmal wissen muss, wie die Entscheidungsprozesse ablaufen, die er beeinflussen will. Das European Training Institute in Brüssel bietet – teilweise sehr spezialisierte – Schulungen auf dem Gebiet Public Affairs in der Form von Intensiv- oder Abendkursen. Hier bietet sich auch für den Juristen eine interessante Methode der Weiterbildung. In Berlin sind entsprechende Ausbildungsgänge z. B. mit der Hertie School of Governance erst jüngst zur Entstehung gelangt.

Im Rahmen des Referendariats bieten sich in Brüssel und in Berlin vielfältige Möglichkeiten, mit der Welt des Lobbyings in Berührung zu kommen. Zum einen ist es natürlich möglich, eine Station in einer Rechtsanwaltskanzlei zu absolvieren, die sich auch auf Lobbyarbeit verlegt hat. Zum anderen bieten auch die Repräsentanzen von Industrieverbänden nicht selten die Möglichkeit, eine Referendarstation zu absolvieren. Insbesondere in Brüssel sind aufgrund der geringen Größe dieser „Außenposten" gerade dort interessante Einblicke hinter die Kulissen und selbständiges Arbeiten möglich.

Für den Lobbyisten ist es mittlerweile auch unabdingbar, zumindest Englisch und Französisch zu beherrschen. Ansonsten gilt: je mehr Sprachen, desto besser, da sie die Kontaktmöglichkeiten erweitern.

Zusammenfassung

Es bleibt aus anwaltlicher Sicht also festzuhalten, dass Lobbying nach US-amerikanischem Muster als Ergänzung klassischer anwaltlicher Beratungstätigkeiten zunehmend an Bedeutung gewinnt – sowohl als eigenständige Dienstleistung im Markt wie auch mandatsbegleitend. Während sich die Europäischen Institutionen diesbezüglich schon seit langem offen zeigen und Lobbyarbeit fördern, kommt diese Entwicklung auch in Berlin langsam in Gang. Der Anwalt hat gegenüber nicht juristisch ausgebildeten Lobbyisten wie z. B. PR-Beratern entscheidende Vorteile: er spricht die juristische Sprache der Entscheidungsträger, bringt die Seriosität seines Berufsstandes mit und kann vor allem dem Mandanten ein integriertes Beratungspaket zusammen mit der klassischen rechtlichen Beratung und anwaltlichen Vertretung bieten. Die derzeitigen Entwicklungen auf nationaler und europäischer Ebene werden die Beratungspräsenz auf diesem Gebiet somit zu einem nicht mehr wegzudenkenden Teil der Leistungspalette von Rechtsanwälten werden lassen – wenn sie es nicht schon längst ist.

Anmerkungen & Literatur

Ich danke Herrn Rechtsreferendar Jan Imgrund für seine wertvolle Mitarbeit an diesem Beitrag

Zu den – sich oft überschneidenden Begrifflichkeiten – vgl. Schönborn/Wiebusch, Public Affairs Agenda, S. 24f.

http://www.pac.org

Siehe: Horizont 44 vom 1.11.2002, „Agenturen bitten Politiker zu Tisch", S. 42; A Guide to Effective Lobbying of the European Parliament, Autumn 2001, S. 6; Schönborn/Wiebusch, Public Affairs Agenda, S. 55.

Abgedruckt in: Handelsblatt Nr. 224 vom 20.11.02 – „Die Firmen brauchen Lobbying à la carte", S. 2; Robert Hull in: Mazey/Richardson, Lobbying in the European Community, S. 86 spricht vom „lowest common denominator approach"; Lahusen/Jauß, Lobbying als Beruf, S. 63.

„from Oporto to Thessalonika and Aarhus" heißt es in: R. H. Pedler and M.P.C.M. Van Schendelen (editors), Lobbying in the European Union (Companies, Trade Associations and Issue Groups), S. 13.

Siehe: Horizont 44 vom 1.11.2002, „Agenturen bitten Politiker zu Tisch", S. 42.

Schönborn/Wiebusch, Public Affairs Agenda, S. 59: „so kann die Frage „Berlin oder Brüssel?" nur mit einem „und!" beantwortet werden"; noch in Bezug auf Bonn vgl. Strauch in: Strauch, Lobbying – Wirtschaft und Politik im Wechselspiel, S. 30, 58.

Mazey/Richardson, Lobbying in the European Community, S. 8.

So betrug 1998 der Anteil an Beratungsfirmen und Anwälten an den Brüsseler Interessengruppen 15%, vgl. Grafik bei Lahusen/Jauß, Lobbying als Beruf, S. 55.

The European Lawyer Dez 04/Jan 05, „Lifting the lid on lobbying", S. 27.

Siehe: Handelsblatt Nr. 110 vom 12.6.2002, „Rechtsanwälte entdecken politisches Lobbying", S. R2.

vgl. Richtlinie 98/43/EG, veröffentlicht in AblEG 1998, L 213, S. 9; für nichtig erklärt durch das Urteil des EuGH vom 5. Oktober 2000, Rs. C-376/98, Slg. 2000, S. I-8419. Vgl. auch das Urteil des EuG vom 27. Juni 2000, Verb. Rs T-172/98, T-175/98 bis T-177/98, Slg. 2000, S. II-2487.

Robert Hull in: Mazey/Richardson, Lobbying in the European Community, S. 92; Schönborn/Wiebusch, S. 29, 30.

Siehe: Handelsblatt Nr. 110 vom 12.6.2002, „Rechtsanwälte entdecken politisches Lobbying", S. R2.

Lahusen/Jauß, , Lobbying als Beruf, S. 114.

http://www.coleurop.be.

http://www.european-training-institute.com.

http://www.hertie-school.org.

Dr. Andreas Geiger

ist Rechtsanwalt und Leiter des EU Centers von Ernst & Young und EY Law in Brüssel sowie des Public Affairs Centers in Berlin. Er ist akkreditierter Lobbyist beim Europäischen Parlament und beim Deutschen Bundestag sowie Lehrbeauftragter für Europarecht an der Heinrich-Heine-Universität Düsseldorf. Er ist Mitglied des CDU-Wirtschaftsrates Brüssel/Berlin, des Wirtschaftspolitischen Clubs Deutschland, des EU-Komitees der American Chamber of Commerce in Brüssel und des Forschungsinstituts für Wirtschaftsverfassung und Wettbewerb (FIW). Er hat Rechtswissenschaften an der Universität Tübingen studiert und dort promoviert sowie einen „Master of European Studies" an der Universität Bonn absolviert. Kontakt: andreas.geiger@de.eylaw.com

FERNWEH
POLITIKBERATUNG IN BRÜSSEL UND USA

POLITIKBERATUNG IN BRÜSSEL

Interessenvertretung in der Lobbying-Hauptstadt der Welt: Going Brussels

von Peter Husen

Brüssel bestimmt die Spielregeln. Nirgendwo gibt es so viele Interessenvertreter, Verbände und sonstige Organisationen, die sich darum bemühen, EU-weite Entscheidungsfindungsprozesse zu beeinflussen oder an den zahlreichen Fördertöpfen zu partizipieren. Vergleicht man die Zahl der Mitarbeiter der EU-Kommission mit der geschätzten Anzahl von Lobbyisten – beide etwa 15.000 – so kommt man auf ein Verhältnis von eins zu eins. Der Verdrängungswettbewerb um einen privilegierten Zugang zu den EU-Institutionen ist entsprechend groß.

Auch wenn die Frage noch nicht beantwortet ist, auf welche Weise die EU Themen wie die Erweiterungsrunde 2004, die anstehenden nationalen Ratifizierungsprozesse der Europäischen Verfassung und die Türkei-Frage verkraftet, kann man bereits jetzt konstatieren: Jenseits aller Bedeutung der nationalen Ebene, die nach wie vor besteht und bestehen wird: Interessenvertretung, die den Faktor EU vernachlässigt, begibt sich selbst in die Rolle des passiven Zuschauers.

Unterschiede zur Interessenvertretung auf nationaler Ebene ergeben sich aus der Einzigartigkeit der EU und ihrer Institutionen als supranationales und intergouvernementales System und der Tatsache, dass zwei der großen drei Institutionen, nämlich die Kommission und der Rat, allenfalls indirekt demokratisch legitimiert sind. Letztere ist mehr oder weniger selbst ein Gremium der Interessenvertretung, nämlich der einzelnen Mitgliedsstaaten.

Zudem fehlt es – trotz aller Vorurteile über die Brüsseler Bürokratenhochburg – am administrativen Unterbau in den EU-Institutionen, d.h. oft müssen einzelne Abteilungen mit 10-15 Mitarbeitern in den Generaldirektionen der Kommission riesige Themenfelder abdecken. Hieraus speist sich der legitime Bedarf der EU an externem

Fachwissen und Expertise. Aus diesem Grund herrscht in Brüssel auch ein unvoreingenommenes Verhältnis im Hinblick auf Interessengruppen.

Entscheidend ist die Stärke der Argumente. Oberflächliche Positionspapiere und abgedroschene Statements im Stil von „Sabine Christiansen" landen hier genauso schnell im Müllkorb wie anderswo. Deswegen müssen Interessenvertreter über ein fundiertes Fachwissen verfügen, was sowohl die Prozessabläufe innerhalb der Institutionen als auch die einzelnen Sachthemen angeht, und dieses an ihren EU-Ansprechpartner entsprechend kommunizieren können.

Parteipolitische Bindungen sind in Brüssel glücklicherweise nicht so manifestiert wie in Berlin. Die Kommission als Machtzentrale und Ideengeber versteht sich als Kollegium und nicht Gesinnungsorgan. Natürlich stehen, ähnlich wie in nationalen Ministerien, beispielsweise die Generaldirektionen Unternehmen und Umwelt mehr der einen (Wirtschaft) oder anderen Seite (Umweltgruppen) nahe. Da Entscheidungen aber im Kolleg der Kommissare und nicht von einer einzelnen Generaldirektion getroffen werden, gleicht sich dies meist wieder aus. Ähnlich verhält es sich mit der Besetzung der Kommission: Auch wenn sich einzelne Kommissare einer politischen Ausrichtung oder ihrem Heimatstaat verpflichtet fühlen, sorgt doch der bürokratische Unterbau für Kontinuität. Hiervon profitieren nicht zuletzt Interessenvertreter, da sie nicht alle fünf Jahre ihr Netzwerk neu gestalten müssen.

Berufseinstieg in Brüssel: How to start ...

Einsteiger in die Politikberatung auf EU-Ebene erwartet ein sehr spannendes und international geprägtes Umfeld, welches sich stark von der Arbeit auf nationaler Ebene oder in anderen internationalen Gremien, wie z. B. der UN unterscheidet. Zum einen laufen hier Prozesse ab, die die Interessenslagen von 25 Mitgliedsstaaten koordinieren müssen – mit entsprechenden Abstimmungs- und Aushandlungsprozessen. Zum anderen ist die EU hinsichtlich ihrer Kompetenz- und Machtfülle längst aus dem Schatten anderer internationaler Organisationen und Gremien getreten. Insbesondere in den stark vergemeinschafteten Politikfeldern gibt letztendlich Brüssel die Richtung vor. Der Mitgliedsstaat ist nur für die frist- und sachgerechte Implementierung verantwortlich.

Für Brüssel-Newcomer bedeutet eine EU-25 aber auch: Stehen sie auf nationaler Ebene bei der entsprechenden Jobsuche in Konkurrenz mit ihren „Mitbürgern", so multipliziert sich diese Konkurrenz auf EU-Ebene um ein Vielfaches. Für Studienabgänger, die sich für eine Karriere in den EU-Institutionen interessieren, bedeutet dies insbesondere eines: Warten. Aufgrund der EU-Erweiterung werden in den kommenden Jahren neu auszuschreibende Stellen vorrangig an Vertreter aus den zehn Beitrittsländern vergeben. Außenseiterchancen hat man lediglich, wenn man über entsprechende Eigenschaften (z. B. „exotische" Sprachkenntnisse oder die maltesische Staatsbürgerschaft) verfügt. Aber auch dann kann man in den meisten Fällen lediglich mit einem befristeten Vertrag als Auxiliaire bei der Europäischen Kommission rechnen – immerhin aber ohne das langwierige Bewerbungs-Verfahren (Concours).

In Unternehmen und Organisationen stellt sich die Situation ähnlich dar: In Zeiten von Onlinebewerbungen erhalten selbst kleinere Verbände oder Unternehmen täglich sehr gute Bewerbungen aus ganz Europa. Insbesondere viele Hochschulabsolventen, die zudem in den meisten Ländern aufgrund kürzerer Schul- und Regelstudienzeiten um einige Jahre jünger sind als die deutschen Mitbewerber, bewerben sich um Praktika in Brüssel. Für Arbeitgeber sind dies natürlich ideale Bedingungen. Sie können aus einem Pool von gut ausgebildeten und motivierten Arbeitskräften wählen, zahlen jedoch nur einen Bruchteil des regulären Gehalts.

In der Praxis bedeutet dies, dass es für Absolventen, die frisch von der Uni kommen, schwierig ist, in Brüssel den Direkteinstieg zu schaffen. Man sollte sich auf Praktika einstellen, d.h. im negativen Fall geringe Bezahlung, Vertragslaufzeiten von wenigen Monaten und Tätigkeiten, die nicht immer der eigenen Qualifikation entsprechen. Wegen der großen Anzahl von Firmen und Organisationen, die sich in Brüssel angesiedelt haben, ist es in der Regel aber auch möglich, einen solchen Praktikumsplatz zu finden, wenn man seine Bewerbungen breit genug streut und eine entsprechende Vorlaufzeit einplant. Die Entwicklung verläuft parallel zu der in Deutschland. Hier wie dort finden sich eine große Zahl an Unternehmen, die mittlerweile zu einem großen Teil aus Praktikanten bestehen. Für viele bedeutet dies leider auch, dass sie sich
– in der Hoffnung auf Festanstellung – von Praktikum zu Praktikum hangeln. Deswegen sollte man sich im Vorfeld informieren, ob eine grundsätzliche Chance besteht, im Anschluss an ein Praktikum übernommen zu werden. Hundertprozentige Ehrlichkeit sollte man von seinem Gegenüber allerdings nicht erwarten, dennoch erhält man meistens eine grobe Einschätzung. So rekrutieren insbesondere die großen Public Affairs Beratungen ihre Trainees und Junior Consultants häufig aus dem eigenen Praktikantennachwuchs.

Entscheidet man sich für ein Praktikum als Einstieg in Brüssel, sollte man genau prüfen, was einen die kommenden Monate erwartet. Sitzt man lediglich seine Zeit ab, ist auch die renommierteste Adresse nicht zielführend. Genauso wichtig ist es, sich vorher über die thematische Ausrichtung des Arbeitgebers zu informieren: EU-Materie ist in der Regel grau und nicht jeder ist dafür geboren, sich sechs Monate mit dem regulatorischen Umfeld von Imkereibetrieben auseinanderzusetzen. Hat man aber die Gelegenheit, inhaltlich an Projekten mitzuarbeiten und ein eigenes Netzwerk aufzubauen (z. B. durch regelmäßige Teilnahme an den zahlreichen Veranstaltungen, die im EU-Umfeld jeden Tag stattfinden), sollte man sich diese Option überlegen. Am besten ist es, über ehemalige Praktikanten Erkundigungen einzuziehen.

Internet-Links, die einen Überblick bzgl. möglicher Einstiegsmöglichkeiten verschaffen:

European Voice: Internationale Stellenangebote – meistens wird Berufserfahrung vorausgesetzt (www.europeanvoice.com)

Euractiv: Übersicht über Public Affairs Beratungen – häufig finden sich Ausschreibungen zuerst auf den firmeneigenen Websites (www.euractiv.com)

Tiscali Europe: Jobangebote im Umfeld der EU – breite Palette von Praktika bis Direktoren-Ebene (www.europe.tiscali.fr)

Eurobrussels.com: Gute Übersicht verschiedener Bereiche – Angebote nach Branchen sortiert (www.eurobrussels.com)

Die Konkurrenz um Vollzeit-Stellen ist hart und insbesondere Kandidaten, die bereits Brüssel-Erfahrung haben und schon vor Ort sind, haben bessere Chancen, zu einem ersten Interview eingeladen zu werden. Nichtsdestotrotz sollte man sich nicht entmutigen lassen, denn viel hängt vom richtigen Timing ab. Die Personalfluktuation in Brüssel ist hoch, von daher können sich häufig kurzfristig Vakanzen ergeben. Liegen die entsprechenden Bewerbungsunterlagen dann gerade auf dem Tisch der Personalverantwortlichen oder hat man sich als Praktikant einen guten Ruf erworben, kann es häufig schneller gehen, als man denkt.

Des Weiteren läuft einiges in Brüssel über Headhunter. Diese werden allerdings erst eingeschaltet, wenn die Position eine gewisse Erfahrung oder ein bestimmtes Profil voraussetzt. Absolventen oder Neueinsteiger können sich zwar bei manchen dieser Unternehmen registrieren lassen, in der Regel wird aber kein Arbeitgeber Geld für etwas bezahlen, was ihm täglich umsonst in Form von Praktikanten angeboten wird.

Ob sich eine Zusatzausbildung oder ein Masterstudiengang im Bereich Politischer Kommunikation als Vorteil auswirkt, kann gegenwärtig kaum abgeschätzt werden. Es gibt zwar Elite-Einrichtungen, wie das Europa-Kolleg in Brügge, welches als Ausbildungsstätte für künftige Entscheidungsträger in den Institutionen gilt, aber auch dortige Absolventen haben mittlerweile in Brüssel keine automatische Arbeitsplatzgarantie mehr.

Zudem lässt sich nur schwer erkennen, welche Studiengänge von Arbeitgebern bevorzugt werden. Hauptrichtungen sind Rechts-, Wirtschafts- und Politikwissenschaften, wobei insbesondere im Parlament Studenten aller Fachrichtungen zu finden sind. Grundvoraussetzungen sind letztendlich neben den entsprechenden „handwerklichen" Fähigkeiten Arbeitserfahrung im zukünftigen Berufsfeld und ein solides Verständnis der politischen Abläufe. Einschlägige Praktika und ein Basiswissen an politischen und ökonomischen Zusammenhängen zählt mehr als das richtige Studienfach.

Die Arbeitsmarktlage im Bereich Public Affairs ist – ähnlich wie in Berlin – angespannt. Um trotzdem den Einstieg in Brüssel zu schaffen, sollte man sich nicht auf einige wenige Wunscharbeitgeber festlegen, sondern sich frühzeitig bei einer Vielzahl unterschiedlicher Einrichtungen bewerben. Dies ist gängige Praxis und vollkommen nachvollziehbar, führt jedoch häufig dazu, dass Unternehmen mehr oder weniger standardisierte oder mangelhaft aufbereitete Bewerbungen erhalten.

Deswegen:

Schreiben Sie keine elektronischen Massenbewerbungen an x verschiedene Unternehmen (eventuell sogar alle in der „To: Zeile"), sondern personalisieren Sie die Bewerbung soweit wie möglich und nennen Sie den Ansprechpartner

Formatieren Sie elektronische Bewerbungen einheitlich (am besten als PDF-Dokument zusammengefügt mit einer Größe von maximal 2MB)

Wenn Sie sich in einer Fremdsprache bewerben, passen Sie Ihre Unterlagen den Gepflogenheiten an und lassen Sie ggf. das Anschreiben überprüfen

Alles vermeintliche Basics – aber auch die werden in vielen Fällen nach wie vor nicht beherzigt.

Public Affairs Beratungen: Where to work ?

In Brüssel sind Public Affairs Beratungen bereits wesentlich länger etabliert als in Berlin. Spin-offs großer angelsächsischer PR-Konzerne gibt es seit mehreren Jahrzehnten. Nichtsdestotrotz sind auch in Brüssel seit einigen Jahren eine Vielzahl neuer Unternehmen hinzugekommen, die alle unter dem recht weit gefassten Bereich Public Affairs firmieren. Neben den großen PR-Ablegern aus den USA haben viele große Anwaltskanzleien eigene Public Affairs Abteilungen gegründet, welche sich hauptsächlich mit der juristischen Überprüfung aktueller oder anstehender gesetzlicher Rahmenbedingungen, z. B. bei Kartell- oder Wettbewerbsfragen, beschäftigen. Darüber hinaus haben sich viele kleinere Agenturen in Brüssel angesiedelt, die entweder einen bestehenden Kundenstamm aus ihrem Heimatland mitbringen konnten oder sich auf einige bestimmte Politikfelder bzw. Branchen spezialisiert haben. Zuletzt gibt es noch eine große Zahl an Einzelkämpfern mit 1-2 Mitarbeitern. Diese kommen meist aus den Institutionen, verfügen über ein sehr ausgeprägtes Beziehungsnetzwerk, bieten aber keine inhaltliche Betreuung, sondern nur Kontakte.

Der Arbeitsalltag im Umfeld der EU lässt sich schwerlich verallgemeinern. Vielmehr bestehen große Unterschiede zwischen und innerhalb der Tätigkeiten für Verbände, Unternehmen, Consultants, NGO´s und den EU-Institutionen. Allgemein lässt sich sagen, dass die Rahmenbedingungen bei den Institutionen der EU selbst sicherlich am günstigsten sind: Ein i.d.R. recht hohes Einkommen (auch für „Hilfskräfte"), viele zusätzliche Feiertage, ein überdurchschnittlicher Urlaubsanspruch sowie eine geregelte Arbeitszeit. Bei den übrigen Gruppen tut man sich schwerer: zumindest Einsteiger verdienen nicht die Gehälter, die manchmal kolportiert werden: Hierzu tummeln sich in Brüssel zu viele Arbeitssuchende, die bereit sind, zu schlechteren Konditionen einzusteigen. Die Löhne orientieren sich eher an den branchenüblichen Löhnen in der PR-Branche, als an denen in ´klassischen´ Unternehmensberatungen, wobei Ausnahmen nach oben natürlich möglich sind. Bei den Arbeitszeiten verhält es sich hingegen anders herum: Zwar beginnt der Büroalltag im EU-Umfeld selten vor neun Uhr, jedoch verschiebt sich der Feierabend häufig in die Abendstunden – nicht zuletzt wg. der zahlreichen Abendveranstaltungen.

Im Gegensatz zu den EU-Institutionen, wo neben der Qualifikation auch andere sekundäre Kriterien für eine Beförderung wichtig sind, ergeben sich bei Public Affairs Beratungen – und hier gerade auch bei den kleineren Vertretern – mitunter schnellere Wege nach oben. Der klassische Karriereweg geht dabei über folgende Stufen: Praktikum – Volontariat/Traineeship – Junior Consultant – Consultant – Team- bzw. Projektleiter. Wie lange man auf der jeweiligen Stufe (insbesondere nach Ablauf des Volontariats) verharrt, hängt von den Umständen und der eigenen Performance ab.

Die Tätigkeit in einer Public Affairs-Beratung ist abhängig von dem Leistungsangebot eines Unternehmens und den Formen der Zusammenarbeit mit den Mandanten. Meistens vermittelt eine kurze Internet-Recherche oder der Besuch der Firmen-Website einen ersten Eindruck, ob die Kernkompetenz eines Unternehmens im Monitoring, der Organisation von Veranstaltungen, der inhaltlichen Beratung, reiner Polit-PR oder im mit Polit-Prominenz gefüllten Adressbuch des Geschäftsführers liegt.

Große Beratungen organisieren sich meistens in Teams, die bestimmte Politikfelder oder Industrien abdecken (z. B. Automobilbranche oder Gesundheitspolitik). D.h., während in kleineren Unternehmen häufig auch Querschnittsaufgaben wahrgenommen werden, erfolgt dort relativ früh eine Spezialisierung aber eben auch eine Einschränkung, was das eigene Arbeitsgebiet angeht.

Arbeitsalltag: Everyday life

Die Arbeit in den meisten Public Affairs-Beratungen besteht zu einem großen Teil aus Monitoring, d.h. dem systematischen Beobachten und Auswerten von EU-Vorhaben, die für den Mandanten von Bedeutung sind. Insbesondere bei den großen Public Affairs Beratungen beginnt der Einstieg meist an dieser Stelle. Tagespresse, aber auch die sehr gut strukturierten Internetseiten der diversen EU-Ausschüsse, Direktionen etc. sind häufig das erste Betätigungsfeld für EU-Newcomer. Erst im Anschluss folgt die Korrespondenz mit den direkten Ansprechpartnern.

Ist zu einem kundenrelevanten Thema das Monitoring abgeschlossen, müssen die Informationen entsprechend aufbereitet werden. Dies erfolgt meist in Form eines Kurzdossiers, idealerweise versehen mit ersten Handlungsempfehlungen. Grundsätzlich muss man sich bei der Tätigkeit im Umfeld der EU-Institutionen und in der Kommunikation mit den Mandanten eines ständig vergegenwärtigen: In den meisten Unternehmenszentralen herrscht Unverständnis bzgl. der politischen Prozesse. Diese Unkenntnis politischer Abläufe und Prozeduren ist auf nationaler Ebene schon stark ausgeprägt, auf EU-Ebene potenziert sich dieses Problem noch. Für die Korrespondenz mit den Mandanten bedeutet dies schlicht, entsprechende Inhalte und Handlungsempfehlungen so zu gestalten, dass sie vom Gegenüber aufgenommen werden können.

Das Wichtigste: Schreiben Sie keine Hausarbeiten, sondern fassen Sie kurz und präzise zusammen! Ansonsten wird man Ihre Papiere im besten Fall ignorieren, im schlechtesten Fall wird man Sie bei nächster Gelegenheit übergehen. Niemand liest eine zwanzigseitige Executive summary zum Thema Elektroschrottrichtlinie!

Sind die Handlungsempfehlungen entsprechend aufgenommen, kann man mit der Umsetzung beginnen. Die besteht darin, die entsprechenden Ansprechpartner in Parlament oder Kommission zu ermitteln und von der Richtigkeit eines Anliegens zu überzeugen. Bei der Auswahl des Gesprächspartners ist das richtige Timing entscheidend. Als Faustregel gilt: Je früher Sie sich in den Entscheidungsprozess einbringen, desto niedriger sollten Sie auf der Hierarchie-Ebene ansetzen. Nur wenn eine Initiative schon fast verabschiedet ist, kann es hilfreich sein, auf die oberste Entscheidungsebenen zuzugehen. Wichtigstes Kriterium ist, von den Dossierverantwortlichen als zuverlässiger und kompetenter Partner wahrgenommen zu werden. Häufig wird der Fehler gemacht, eine Fragestellung nur aus der eigenen Sichtweise zu bewerten und die Argumentation entsprechend aufzubereiten. Damit stiehlt man seinem Gegenüber nur

Zeit und bringt das eigene Anliegen nicht voran. Dies gilt für alle Kontakte mit den EU-Institutionen, ob Abgeordneter, Desk-Officer in der Kommission oder Sachbearbeiter in den zahlreichen weiteren Gremien und Ausschüssen.

Stellen Sie Ihre Argumente so zusammen, dass sie für Ihren EU-Ansprechpartner nützlich sind und einen Mehrwert bieten: Wenn er etwas über Brüsseler Regulierungswut oder Arbeitsplatzvernichter lesen will, kann er sich auch die Bild-Zeitung kaufen.

Fazit: Why Brussels ?

Brüssel bietet ein internationales Arbeitsumfeld, aber ähnlich wie in Berlin dreht sich hier alles um Einfluss auf und Gestaltung von Politik. Dies geschieht in mehreren Sprachen und auf unterschiedlichen Wegen. Das Ziel ist aber das gleiche. Eine andere Parallele ist das mikrokosmos-artige Umfeld, in dem man arbeitet: Jeder kennt jeden um zwei Ecken und so bewegen sich auch andere soziale Kontakte zwangsläufig in einem ähnlichen Bereich. Hier spielt natürlich auch eine Rolle, dass viele Angehörige der selbsternannten „EU-Elite" nach wenigen Jahren wieder in ihr Heimatland zurückkehren. Es ist ein sehr flexibles und sich ständig veränderndes System. Der Reiz, der von Brüssel ausgeht, liegt also weniger in der Beschäftigung mit den politischen Aushandlungsprozessen. Diese werden relativ schnell zum Alltag und sind genauso spannend bzw. unspannend wie die Vorhaben in Berlin. Das Spannende ist sicher das internationale Umfeld: Brüssel ist die einzige Stadt, wo Tausende von Menschen aus der ganzen Welt an tatsächlicher Politikformulierung und -implementierung arbeiten, mit allen Vor- und Nachteilen, die sich aus den komplizierten Entscheidungsprozessen ergeben. Für Public Affairs Berater gilt das sowieso, schließlich arbeiten sie in der Lobbying-Hauptstadt der Welt.

Peter Husen

arbeitet seit Frühjahr 2003 in Brüssel bei der Public Affairs Beratung EU.select und verantwortet dort als Consultant u. a. die Bereiche Strategie und Business Development. Er ist Politikwissenschaftler und hat am Otto-Suhr Institut der Freien Universität Berlin studiert. Neben seinem Studium sammelte er Erfahrung bei der Europäischen Kommission, den Vereinten Nationen und in Unternehmens- und PR-Beratungen. Kontakt: husen@eu-select.com

PR im Goldfischglas

von Gudrun Herrmann

Public Affairs wird in den USA oft mit einem Goldfischglas verglichen: ein kleiner Kreis von politischen und wirtschaftlichen Akteuren, die „Goldfische", werden von Journalisten, Reporter, Analysten und Non-Governmental Organizations kritisch beobachtet in der Hoffnung, einen Skandal aufzudecken. Ein Beispiel hierfür ist der derzeitige Aufruhr um eigenproduzierte Radio- und Fernsehsendungen, welche die Bush-Regierung Sendern ohne Angabe des Auftraggebers zugespielt hat. Aber auch die PR-Berater gerieten im Rahmen dieser Affäre ins Kreuzfeuer der Kritik: Frank Rich, Star-Reporter und Pulitzer Preis-Gewinner, widmete einen halbseitigen Artikel in der New York Times einer Attacke auf das Zusammenspiel von Public Affairs und Politik. PR-Agenturen und Public Affairs-Beratungen stehen zunehmend im Rampenlicht. Dieser Paradigmenwechsel trifft die Industrie unvorbereitet, und Agenturen orientieren sich nur langsam um – es bleibt zu sehen, welche Unternehmen diese Herausforderung bestehen und welche daran scheitern werden.

Willkommen in dem amerikanischen Goldfischglas namens Public Affairs.

Public Affairs

Public Affairs in den USA umfasst zwei grosse Bereiche: zum einen das klassische Lobbying bei Regierung, Kongress und Senat in Washington, D.C., sowie den Regierungen der einzelnen Staaten. Um hier erfolgreich zu sein, muss man Mitglied bei einer Partei sein (Demokraten oder Republikaner), sich unter dem „Lobbying Disclosure Act" (LDA) registrieren lassen sowie über langjährige Regierungserfahrung und ein entsprechendes Netzwerk an Beziehungen verfügen. Young Professionals steigen deshalb zumeist über den zweiten großen Bereich der klassischen Öffentlichkeitsarbeit ein, welche „Reputation Building", „Coalition Building", „Crisis Communications" sowie „Grassroots Mobilization" umfasst.

Grundsätzlich wird Public Relations in den USA als eine prozessorientierte Management-Funktion angesehen und mit der Abkürzung ´RACE´ beschrieben:

Research   (Was ist das Problem?)
Action   (Was können wir tun?)
Communication   (Was werden wir der Öffentlichkeit mitteilen?)
Evaluation   (Haben wir unser Ziel erreicht?)

Berufseinstieg

Der Berufseinstieg bei einer amerikanischen Public Affairs- oder Public Relations-Agentur ist von Deutschland aus nicht einfach. Ein Arbeitsvisum ist teuer, und die meisten Agenturen verlangen Berufserfahrung. Folgende Möglichkeiten bestehen:

Praktika

Die grossen PR-Agenturen bieten zumeist „Summer Internships" an, die an den amerikanischen akademischen Kalender angepasst von Ende Juni bis Ende August oder Anfang September laufen. Je nach Qualität des Praktikums sind Schulungen und die Zuteilung eines Mentor sowie eine Aufwandsentschädigung vorgesehen. Die besten Praktika sind bei den grossen Agenturen Edelman, Hill & Knowlton, Ketchum, Ruder Finn, Waggener Edstrom und Weber Shandwick zu finden. Informationen über die Programme sowie den Bewerbungsprozess sind zumeist auf den Webseiten der Unternehmen vorhanden. Grosse Konzerne wie Microsoft, Starbucks oder Intel verfügen ebenfalls über eigene Public Affairs-Abteilungen und nehmen Praktikanten an.

Es ist zudem einfacher ein Praktikum in einer kleineren Stadt oder im Landesinneren zu finden. New York, San Francisco, Los Angeles und Boston sind Nr. 1-Ziele für Europäer sowie Sitze von sehr guten amerikanischen Universitäten, was die Konkurrenz vergrößert. Hilfestellung bei der Praktikumssuche leistet übrigens die Deutsch-Amerikanische Handelskammer unter www.gaccny.com. Praktikumsangebote finden sich bei www.monster.com.

Universitätsabschlüsse

Eine weitere Möglichkeit ist, mit Hilfe eines Stipendiums einen Universitätsabschluss (Bachelor´s oder Master´s) in den USA zu absolvieren. Im Anschluss daran erhält man ein einjähriges Arbeitsvisum und somit eine offene Arbeitserlaubnis. Klassische Stipendien sind die Fulbright-Scholarships, die Stipendien des Deutschen Akademischen Austauschdienstes (DAAD) sowie der Carlo-Schmid Stiftung. Man kann sich auch direkt bei einer Universität um eine Stelle als deutscher „Teaching Assistant" bewerben. Dabei unterrichtet man circa zehn Stunden Deutsch als Fremdsprache pro Woche, erhält ein kleines Gehalt und darf kostenfrei studieren. Ein bei Deutschen beliebter Studiengang ist der „MBA" (Master of Business Administration), aber zukünftige Public Affairs-Spitzenstars sollten auch „Public Affairs" oder „Political Science" bzw. „International Studies" (Politikwissenschaft) in Betracht ziehen.

Internationale PR-Agenturen

Ein Job bei einer in Deutschland angesiedelten amerikanischen PR-Agentur kann ebenfalls zu einer Fahrkarte in das Land der unbegrenzten Möglichkeiten werden. Eine Konzentration auf strategische Gesichtspunkte der Unternehmensplanung sowie internationale Kunden helfen bei einem schnellen Aufstieg. Wichtig ist ebenfalls, sich frühzeitig einen Mentor innerhalb der Firma zu suchen, der Ihnen Wege aufzeigen kann, ins Ausland zu gelangen.

Bewerbungen

Bewerbungen sind in den USA anders aufgebaut als in Deutschland. Das Mitschicken eines Fotos ist beispielsweise verpönt aus Diskrimierungsgründen. Stattdessen sollten gerade im PR-Bereich Schreibproben abgeben werden. Im Anhang sind einige Bücher angegeben, die den Aufbau des Lebenslaufs, des Anschreibens sowie weitere Besonderheiten der amerikanischen Bewerbung erklären.

Networking

Äusserst wichtig ist in den USA das Kontakte knüpfen (Networking). Der klassiche Weg ist, Bekannte und Freunde zu fragen, ob jemand eine Person in der gesuchten Berufssparte kennt. Nach Erhalt der Kontaktdaten wird eine E-Mail mit der Bitte um ein „Informational Interview" geschickt. Ziel des Gesprächs ist, den Ansprechpartner über dessen Arbeit sowie das Unternehmen und gegebenfalls die Industrie auszufragen. Es wird jedoch nie erwähnt, dass man auf Jobsuche ist. Dies wird angenommen, aber nicht offen ausgesprochen. Falls das Gespräch gut läuft, wird der Gesprächspartner anbieten, sie an seine Kontakte oder im günstigsten Fall die Personalabteilung zu verweisen. So bauen Sie im Laufe der Zeit ein Netzwerk von Kontakten auf. Diese Vorgehensweise hört sich umständlich an, ist aber oft der sicherste Weg zu einer Arbeitsstelle. Jedem ihrer Gesprächspartner ist klar, dass Sie diese Interviews nicht zu ihrem Vergnügen führen. Vergessen Sie nie, auch später mit Ihren Kontakten die Kommunikation aufrechtzuerhalten. Gerüchten zufolge ist George W. Bush Präsident geworden, da er regelmässig Weihnachts- und Geburtstagskarten an strategische Kontakte in Politik und Wirtschaft verschickte.

Letters of Recommendation

Eine weitere Besonderheit in den USA sind die „Letters of Recommendation". Arbeitszeugnisse sind eher unüblich, stattdessen verfassen Lehrer, Professoren, Vorgesetzte sowie Bekannte in Akkordarbeit Empfehlungsschreiben. Je höher die Position des Verfassers ist, desto mehr Eindruck wird der Brief machen. Fangen Sie frühzeitig an, sich ein Portfolio zuzulegen.

Karrierewege und Agenturen in den USA

Agenturen

Public Affairs-Beratungen sind in den USA wesentlich etablierter als in Europa. Die grossen Agenturen vertreten zumeist die Interessen von Konzernen oder Industrievereinigungen bei den Regierungen der Bundesstaaten sowie in Kongress, Senat und bei Ministerien. Kleinere Kunden sind Non-Profit Organisationen sowie Kandidaten für politische Ämter. Public Affairs umfasst dabei eine Vielzahl von Tätigkeiten die sich über „Corporate and Industry Positioning", „Issues Management", „Issues Advertising", „Reputation Management", „Media Relations", „Strategic Counseling", „Coalition Building and Grassroots Mobilization" bis hin zu „Crisis Communications" erstreckt. Definitionen dieser Begriffe finden sich auf der Website der Public Relations Society of America (PRSA) unter www.prsa.org.

Karrierewege

Der klassische Einstieg findet über ein drei- bis viermonatiges Praktikum statt. Bevorzugte Studienrichtungen sind „Communications" (PR), „International Studies", Politikwissenschaften, Englisch oder auch ein naturwissenschaftlicher Abschluss wenn sie an „Healthcare" oder „High-Tech" interessiert sind. Im Anschluss an das Praktikum wird man als Account Coordinator eingestellt. Danach erfolgt im Jahresabstand die Beförderung zum Assistant Account Executive und Account Executive und dann im zwei- bis dreijährigen Rythmus zum Senior Account Executive, Account Supervisor, Account Director und schliesslich Vice President. Nach oben sind die Möglichkeiten natürlich offen. Ein Wort zur Warnung: Einstiegsgehälter im PR-Bereich sind in den USA eher gering. Von Berufseinsteigern wird erwartet, zuerst die Geschäfts- und Industriegegebenheiten kennen zu lernen sowie Beziehungen zu Kunden, Analysten und Reportern zu knüpfen. Deshalb kann man in den ersten Jahren lediglich mit einem Jahresgehalt von 27.000 bis 35.000 US Dollar im Jahr rechnen.

Voraussetzungen

Kenntnis des amerikanischen Regierungssystems, legislativer Prozesse sowie hervorragende Englischkenntnisse sind unerlässlich für den Einstieg. Von Vorteil sind Praktika bei einer PR-Agentur im Bereich Public Affairs, einem US-Ministerium oder der Regierung. Es werden auch immer gerne freiwillige Wahlhelfer eingestellt, die unter anderem bei den diesjährigen Präsidentschaftswahlen tatkräftig ausgeholfen haben. Leider sind diese Tätigkeiten unbezahlt. Früher oder später wird man sich bei einer Tätigkeit im Bereich Public Affairs auch für die Zugehörigkeit zu einer Partei entscheiden müssen. Die meisten Agenturen beschäftigen eine ausgewogene Mischung aus Demokraten und Republikanern, da sie von den Kontakten der PR-Berater innerhalb einer Partei profitieren möchten. Außerdem spezialisieren sich die meisten Professionals auf einen Industriezweig wie beispielsweise Luftfahrt, Militär oder Technologie. Man sollte jedoch beachten, dass Parteizugehörigkeit in den USA ein wesentlich ernsteres und ideologiebeladeneres Thema ist als in Deutschland.

Alltag

Die gute Nachricht ist, dass es keine alltägliche Routine gibt. Die schlechte Nachricht ist, dass es keine alltägliche Routine gibt. Dies macht die Arbeit zur Herausforderung, bedeutet aber auch Zeitdruck und Überstunden. Klassischerweise beginnt der Tag mit der Verfolgung von Trends und Themen in den Medien. Danach werden Pressemitteilungen, Memos, Reden, ´Op-Eds´ (Opinon Editorials) und Informationsblätter geschrieben, Themen bei Reportern, Analysten sowie sonstigen Interessensgruppen positioniert sowie Kommunikationsstrategien entwickelt. Grundsätzlich ist man dabei als Angestellter einer Agentur für mehrere Kunden tätig.

Amerikanische Medienlandschaft

Blogs

In den USA findet sich ein Schlagwort zunehmend in den Medien: Blogs. Verfasst werden diese Online-Tagebücher von anonymen Privatpersonen, die nicht an die Richtlinien traditioneller Medien gebunden sind. Wahlen und politische Programme auf jeglicher Ebene werden zunehmend durch Blogs beeinflusst. Ein Paradebeispiel ist eine Autorin namens Wonkette, die unter www.wonkette.com Skandale in Washington, D.C., aufdeckt. Ihr letztes „Opfer" war ein verheirateter US-Senator, über dessen Affäre mit der Sekretärin Wonkette detailreich berichtete. Die Überwachung dieser Blogs sowie die Kommunikation mit Bloggern ist momentan die größte Herausforderung für PR-Berater.

Gleichzeitig sind Blogs eine gute Methode, um sich mit den politischen Gegebenheiten der USA vertraut zu machen. Ebenfalls Pflichtlektüre sind die Zeitungen The Los Angeles Times, The New York Times, The Washington Post, und The Wall Street Journal, die Magazine BusinessWeek, Forbes, Fortune und The Economist sowie der Fernsehsender CNN.

Das Leben im Goldfischglas

Die politische Landschaft in den USA ist äußerst dynamisch und spannend, aber auch sehr weit entfernt von europäischen politischen Systemen. Ich kann jedoch nur empfehlen, sich auf das Abenteuer Amerika einzulassen. Weltmachtpolitik wird nirgendwo anders so offen betrieben wie hier. Zudem ist es für Karriere und Lebensplanung immer von Vorteil, eine fremde Kultur kennenzulernen. Und wenn man davon genug hat, haben wir als Europäische Staatsbürger immer noch einen Vorteil: Tschüss, Vereinigte Staaten – hello, European Union!

Anmerkungen & Literatur

Basall, Susan/Debelius, Maggie: So What Are You Going To Do With That? A Guide To Career-Searching for MA´s and PH.D´s. Farrar, Straus and Giroux, New York 2001.

Betrus, Michael/Block, Jay A.: 101 Best Resumes For Grads. McGraw-Hill, New York 2003.

Betrus, Michael/Block, Jay A.: 101 Best Cover Letters. McGraw-Hill, New York 2001.

Greene, Brenda: Get The Interview Every Time. Fortune 500 Hiring Professionals´ Tips For Writing Winning Resumes And Cover Letters. Dearborn Trade Publishing, Chicago 2004.

Gudrun Herrmann
arbeitet seit 2004 als Account Executive bei der PR-Agentur Weber Shandwick in Seattle in den Bereichen „Corporate Communications" und „Public Affairs" für Microsoft und die Melanoma International Foundation. Sie ist Politikwissenschaftlerin und hat nach dem Abschluss „Diplom-Buchwissenschaftlerin" an der Ludwig- Maximilians-Universität München als Stipendiatin einen M.A. of International Studies an der University of Washington absolviert. Neben ihrem Studium sammelte sie Erfahrungen bei den Vereinten Nationen sowie PR-Agenturen.
Kontakt: GHerrmann@WeberShandwick.com